UM GUIA PARA SE PERDER

Rebecca Solnit

UM GUIA PARA SE PERDER

Tradução
Maria do Carmo Zanini

martins Fontes

Esta obra foi originalmente publicada em inglês
sob o título A Field Guide to Getting Lost.

Publisher *Evandro Mendonça Martins Fontes*
Coordenação editorial *Vanessa Faleck*
Produção editorial *Carolina Cordeiro Lopes*
Revisão *Bárbara Parente*
Ubiratan Bueno

Dados Internacionais de Catalogação na Publicação (CIP)
Angélica Ilacqua CRB-8/7057

Solnit, Rebecca

Um guia para se perder / Rebecca Solnit ; tradução de Maria do Carmo Zanini. – São Paulo : Martins Fontes – selo Martins, 2022.
200 p.

ISBN 978-65-5554-022-2
Título original: A Field Guide to Getting Lost

1. Perda (Psicologia) 2. Cultura 3. Arte 4. Filosofia I. Título II. Zanini, Maria do Carmo.

22-4887 CDD 158.1

Índices para catálogo sistemático:
1. Perda (Psicologia)

Martins Editora Livraria Ltda.
Av. Dr. Arnaldo, 2076
01255-000 São Paulo SP Brasil
Tel.: (11) 3116 0000
info@emartinsfontes.com.br
www.emartinsfontes.com.br

Sumário

Porta aberta

A primeira vez que me embriaguei foi com o vinho de Elias. Eu tinha uns oito anos. Era Pessach[1], a festa que celebra a fuga do Egito e convida o profeta a entrar. Eu me sentava à mesa dos grandes porque, quando meus pais se juntavam àquele casal de amigos, eram cinco os meninos reunidos, e os adultos haviam decidido que era melhor que eu fosse ignorada por sua geração, e não pela minha. A toalha de mesa laranja e vermelha estava entulhada de copos, pratos, travessas, prataria e velas. Confundi o cálice de pé alto reservado para o profeta com meu copinho de vinho tinto e suave logo ao lado e bebi tudo. Quando minha mãe finalmente percebeu, cambaleei e sorri de leve, mas, ao vê-la irritada, troquei a embriaguez por um arremedo de sobriedade.

Minha mãe era uma católica apóstata, a outra mulher já fora protestante, mas os maridos eram judeus, e as duas achavam uma boa ideia manter o costume por causa das crianças. E a taça de vinho do Pessach era reservada a Elias. Em algumas versões, ele volta à Terra no fim dos tempos e responde a todas as perguntas sem resposta. Em outras, ele percorre a Terra em andrajos, respondendo às perguntas difíceis dos estudiosos. Não sei dizer se seguíamos o resto da tradição e deixávamos uma porta aberta para que ele entrasse, mas consigo imaginar, aberta para o ar fresco da noite primaveril, a porta laranja da

1. Festa judaica que comemora a fuga dos hebreus do Egito. [N. E.]

frente ou uma das portas de vidro corrediças do quintal daquela casa rústica ali no vale diminuto. Normalmente trancávamos as portas, apesar de nada mais inesperado que animais silvestres virem a nosso encontro naquela rua ali no extremo norte do condado, cervos que tamborilavam o asfalto com seus cascos nas primeiras horas do dia, guaxinins e cangambás que se escondiam nos arbustos. Abrir a porta para a noite, a profecia e o fim dos tempos teria sido uma violação eletrizante das práticas cotidianas. Tampouco recordo o que o vinho abriu para mim – quem sabe um desprendimento mais feliz em relação às conversas que ocorriam acima da minha cabeça, uma sensação de limpidez na gravidade subitamente tão palpável de um corpo miúdo neste planeta de médio porte.

Deixar aberta a porta para o desconhecido, a porta que leva às trevas. Dali vêm as coisas mais importantes, é de onde a gente vem e para onde a gente vai. Há três anos estava eu ministrando uma oficina nas Rochosas. Uma aluna me apareceu com uma citação que, segundo ela, era do filósofo pré-socrático Mênon. Dizia: "De que modo procurarás aquilo que não sabes absolutamente o que é?". Eu a anotei e a trago comigo desde então. A aluna fez grandes fotografias transparentes de nadadores embaixo d'água e as pendurou no teto, de maneira que a luz as atravessava, e caminhar por entre elas era ter o corpo percorrido pelas sombras dos nadadores num espaço que também passou a parecer aquático e misterioso. Fiquei com a impressão de que a pergunta que a moça trazia era a questão tática fundamental da vida. As coisas que queremos são transformadoras e não sabemos ou apenas pensamos saber o que há do outro lado dessa transformação. Amor, sabedoria, graça divina, inspiração: de que modo a gente procura essas coisas que, em certos aspectos, têm a ver com estender os limites do ser a um território desconhecido, virar outra pessoa?

Não resta dúvida de que, para artistas de todas as estirpes, o desconhecido, a ideia ou a forma do conto que ainda não chegou é aquilo que se deve procurar. Cabe aos artistas abrir as portas e convidar as profecias, o desconhecido e o estranho a entrar; é daí que vem sua obra, embora a chegada do conto sinalize o começo do longo e disciplinado processo de se apropriar dele. Também os cientistas, como observou certa vez J. Robert Oppenheimer, "vivem sempre às 'raias do mistério' – os limites do desconhecido". Mas transformam o desconhecido no conhecido, arrastam-no para bordo feito pescadores. Os artistas conduzem a gente para esse mar escuro.

Edgar Allan Poe declarou: "Toda experiência, em matéria de descoberta filosófica, ensina-nos que nessa descoberta é com o imprevisto que devemos em grande parte contar"[2]. Poe justapõe conscientemente a palavra "contar" – que implica o cômputo desapaixonado de fatos ou medidas – ao "imprevisto" – aquilo que não se pode medir nem calcular, apenas prenunciar. Como se conta com o imprevisto? Parece ser a arte de reconhecer o papel do inesperado, de não perder o pé diante das surpresas, de colaborar com o acaso, reconhecer que existem mistérios essenciais no mundo e, portanto, que o cálculo, o planejamento e o controle têm limite. Contar com o imprevisto talvez seja exatamente a operação paradoxal que a vida exige de nós.

Numa célebre noite de inverno de 1817, o poeta John Keats voltava a pé para casa, conversando com alguns amigos,

> [...] e várias coisas se encaixaram em [sua] mente, e ocorreu-[lhe] no mesmo instante qual seria a propriedade formadora de um Homem Consumado, particularmente na

....

2. Edgar Allan Poe, "The Daguerreotype", 1840, in Jane M. Rabb, *Literature and Photography: Interactions 1840-1990*, Albuquerque, University of New Mexico Press, 1995, p. 5.

> Literatura [...]. Refiro-me à Capacidade Negativa, isto é, quando um homem é capaz de existir em incerteza, mistério e dúvida, sem a busca incômoda por fato e razão.

De um jeito ou de outro, essa concepção é tão recorrente quanto os trechos identificados como "*terra incognita*" nos mapas antigos.

"Perder o rumo numa cidade pode muito bem ser desinteressante e banal. Requer ignorância, nada mais", diz o filósofo-ensaísta do século XX Walter Benjamin[3]. "Mas perder-se numa cidade – da maneira que seria possível se perder numa floresta –, isso pede uma educação bem diferente." Perder-se: uma capitulação voluptuosa, perdida em seus braços, perdida para a vida, absolutamente imersa no que se faz presente, de tal maneira que todo o entorno desaparece. Segundo Benjamim, estar perdido é estar integralmente presente, e estar integralmente presente é ser capaz de existir em incerteza e mistério. E ninguém é levado a se perder: perde-se por conta própria, com a implicação de que se trata de uma escolha consciente, uma capitulação voluntária, um estado psíquico que se alcança por meio da geografia.

Aquilo que a gente não sabe absolutamente o que é costuma ser o que a gente precisa encontrar, e encontrá-lo é uma questão de se perder. A palava "*lost*" ["perdido"] vem do nórdico antigo "*los*", que significa a debandada de um exército, e essa origem sugere soldados saindo de formação e voltando para casa, uma trégua com este vasto mundo. Hoje me preocupa o fato de muitas pessoas não debandarem mais seus exércitos, de nunca ultrapassarem aquilo que conhecem. A publicidade, as notícias alarmistas, a tecnologia, a ocupação constante com

3. Walter Benjamin, "A Berlin Chronicle", in Peter Demetz (org.), *Reflections: Essays, Aphorisms, Autobiographical Writings*, tradução para o inglês de Edmund Jephcott, Nova York, Schocken, 1986.

alguma coisa e o planejamento dos espaços público e privado conspiram para isso. Um artigo recente a respeito da vida silvestre que volta a frequentar os subúrbios abastados dos Estados Unidos descrevia quintais e jardins cobertos de neve nos quais eram abundantes as pegadas de animais, mas as das crianças estavam completamente ausentes. Do ponto de vista dos bichos, os subúrbios constituem uma paisagem abandonada: é por isso que perambulam ali com absoluta confiança. As crianças raramente perambulam, mesmo nos lugares mais seguros. Os pais temem as coisas monstruosas que podem acontecer (e de fato acontecem, mas raras vezes), e, com isso, as crianças são privadas das coisas maravilhosas que via de regra acontecem. No meu caso, vagar a esmo na infância foi o que me fez desenvolver autoconfiança, o sentido de direção e aventura, a imaginação, a vontade de explorar, de ser capaz de me perder e deduzir o caminho de volta. Eu me pergunto qual será a consequência de manter a nova geração em prisão domiciliar.

Naquele verão lá nas Rochosas, quando ouvi falar da pergunta de Mênon, saí para caminhar com os alunos por uma paisagem que eu nunca tinha visto. Por entre as colunas brancas dos álamos tremedores, plantas delicadas nos alcançavam os joelhos, com suas folhas semelhantes a leques, losangos e vieiras verdes, e os talos tocados pela brisa faziam tremular as flores brancas e violetas. A senda descia até um rio muito apreciado pelos ursos. Quando voltamos, uma mulher forte e de pele morena aguardava no começo da trilha, uma mulher que eu conhecera de passagem uma década antes. Ela me ter reconhecido e eu me ter lembrado dela foi surpreendente; termos ficado amigas depois desse segundo encontro foi minha boa sorte. Fazia um bom tempo que Sallie integrava a equipe de Busca e Salvamento em Montanha, e, naquele dia, lá no começo da trilha, ela cumpria uma missão rotineira – uma daquelas buscas por montanhistas perdidos que, segundo ela, costumam reaparecer perto de onde sumiram. Ela monitorava o rádio e ficava de olho para ver quem subia a trilha, uma das sendas nas quais o grupo extraviado provavelmente ressurgiria, e foi assim que ela me encontrou. O entorno das Rochosas parece tecido amassado, uma paisagem íngreme de serras e vales que correm em todas as direções, um lugar onde se perder é fácil, e encontrar a saída não é tão difícil, basta descer até as estradas que cruzam o fundo de muitos vales. Para os voluntários da equipe de busca e salvamento, cada resgate é uma jornada pelo desconhecido. Podem encontrar uma pessoa agradecida ou um cadáver, pode ser rápido ou levar semanas de intenso trabalho de campo, ou pode ser que nunca encontrem o desaparecido nem solucionem seu mistério.

Três anos mais tarde, voltei a visitar Sallie e suas montanhas para lhe perguntar o que era o perder-se. Nessa visita, certo dia, percorríamos o Divisor de Águas por uma trilha que subia a serra desde a marca dos 3,7 mil metros e cruzava a tundra alpina que atapetava a paisagem acima do limite das árvores. À medida que subíamos a encosta, a vista ia-se abrindo em todas as direções, até nossa trilha parecer a costura central de um mundo do qual o horizonte de montanhas recortadas e azuis era a bainha. O nome Divisor de Águas trazia à mente a imagem de água fluindo na direção dos dois oceanos, uma crista de montanhas a percorrer boa parte do continente, fazia a gente imaginar os pontos cardeais partindo todos dali, perceber onde a gente se situava no sentido mais metafísico – e não prático – da coisa. Eu teria caminhado para sempre naquelas altitudes, mas as trovoadas lá na concentração de nuvens e um relâmpago dos mais longos fizeram Sallie dar meia-volta. Na descida, perguntei quais salvamentos tinham sido os mais memoráveis para ela. Um deles havia sido o resgate do corpo de um homem atingido por um raio, que não era uma maneira incomum de morrer ali em cima, e era justamente por isso que descíamos a encosta, deixando para trás aquela serra magnífica.

Então ela me falou de um menino de onze anos que se perdera, um garotinho surdo que também estava perdendo a visão por causa de uma doença degenerativa que acabaria abreviando sua vida. Ele estava num acampamento de férias. Os monitores saíram em excursão com as crianças e as estimularam a brincar de esconde-esconde. O menino deve ter-se escondido bem demais, pois não o conseguiram encontrar no fim do dia, e ele tampouco conseguiu voltar. O grupo de Busca e Salvamento foi chamado quando já estava escuro, e foi com muito medo que Sallie entrou nos charcos, esperando que naquela noite quase gélida eles só conseguissem encontrar um corpo. Passaram o pente-fino na área e, mal o sol despontava no horizonte, ela escutou um apito e correu na direção do som. Era o menino, que tremia e soprava o apito, e ela o abraçou, e então tirou boa parte de suas próprias roupas para vesti-lo. Ele fizera tudo certinho: os monitores não escutaram os silvos por causa do barulho da água corrente, mas o menino continuara apitando até o anoitecer, então se havia aconchegado entre duas árvores caídas e retomara os sinais com o raiar do dia. Ele ficou radiante ao ser encontrado; ela se desfez em lágrimas ao encontrá-lo.

As equipes de busca e salvamento transformaram a procura em arte, e em ciência as maneiras de se perder, embora muitas – se não a maioria – de suas incursões sejam para salvar pessoas feridas ou presas. Hoje a resposta mais simples para o perder-se no sentido literal é que muita gente que se perde não presta atenção ao fazê-lo, não sabe o que fazer quando percebe que não sabe voltar, ou então não admite que não o sabe. É uma forma de arte prestar atenção às condições atmosféricas, à rota seguida, aos pontos de referência ao longo do caminho, à necessidade de se virar e ver como a volta parece diferente da ida, à orientação pelo sol, pela lua e pelas estrelas, à direção em que a água corre, aos milhares de coisas que fazem da natureza um texto que pode ser lido por quem conhece seu alfabeto. A pessoa que se perde costuma ser analfabeta nessa linguagem, que é o idioma da própria terra, ou então não se detém para fazer a leitura. E uma outra forma de arte é estar em casa no desconhecido, de tal modo que se ver nesse meio não é razão para pânico nem sofrimento, é estar em casa e, ao mesmo tempo, perdida. Essa habilidade talvez não se distancie muito da capacidade mencionada por Keats "de existir em incerteza, mistério e dúvida" (os celulares e o GPS foram substituindo essa habilidade à medida que cada vez mais pessoas passaram a utilizá-los para encomendar o próprio resgate como quem pede uma pizza, apesar de ainda existirem muitos lugares onde o sinal de telefonia não chega).

Os caçadores se perdem um bocado naquele trecho das Rochosas, contou-me Landon, amiga de Sallie, sentada à sua escrivaninha e cercada de fotografias de familiares e animais no rancho que ela administrava com o marido, porque vivem abandonando a trilha atrás da caça. Ela me falou de um caçador de cervos que, do alto de um platô ladeado por picos que pareciam idênticos, observou os arredores só com um golpe de vista. Dali, uma das serras era obscurecida pelas árvores, e, por isso, ele acabou seguindo na direção errada. Convencido de que chegaria em casa assim que subisse e descesse um ou dois morros, ele caminhou durante um dia e uma noite, acabou exausto e enregelado, e então, delirante de hipotermia, começou a sentir calor e a se livrar das vestimentas, deixando um rastro de peças de roupa que eles usariam para localizá-lo naqueles últimos quilômetros. Landon disse que as crianças sabem perder-se porque "a chave para sobreviver é entender que a gente está perdida": elas não vão muito longe, aconchegam-se num lugar abrigado para passar a noite, sabem que precisam de ajuda.

Landon me falou sobre as antigas habilidades e os instintos de que as pessoas precisam no meio do mato e sobre a intuição extraordinária de seu marido que, na opinião dela, integrava o conjunto dessas habilidades tanto quanto as artes concretas da orientação, do rastreamento e da sobrevivência que ela havia estudado. Dirigindo uma motoneve, ele chegara aos pés de um médico que se perdera durante uma caminhada num dia ameno de inverno que se havia transformado numa nevasca, guiado por um instinto inominável até o lugar onde o homem congelava, fora da trilha e do outro lado de um prado coberto de neve. Um peão do rancho mencionou outro resgate estranho, porque o grupo saíra em silêncio pela noite glacial, e não aos berros. E ele não chamava o nome do desaparecido porque sabia exatamente para onde ir, detendo-se na beirada da saliência de rocha sob a qual se encontrava preso o esquiador. Perdido, este tentara seguir o riacho, o que costuma ser uma boa técnica de orientação, mas o curso d'água em questão foi encolhendo e se aprofundando até desembocar numa série de cachoeiras e precipícios. O esquiador estava todo encolhido no fundo de um desses precipícios, com o suéter por cima dos joelhos. O suéter molhado era uma pedra de gelo, e quase tiveram de espatifá-lo para tirá-lo do corpo do homem.

Fui treinada por um excursionista que recomendava insistentemente que sempre levássemos anoraque, água e outras provisões no mais insignificante dos passeios, que estivéssemos sempre preparados para passar no mato o tempo que fosse, pois nem tudo sai de acordo com o plano, e a única coisa que se pode dar por certa quando se trata do tempo atmosférico é que ele muda. Minhas habilidades não são impressionantes, mas parece que eu apenas flerto com a possibilidade de me perder em ruas, trilhas e rodovias, e por vezes nos campos, resvalando o gume do desconhecido que aguça os sentidos. Adoro abandonar a rota traçada, ultrapassar os limites do mundo que conheço e encontrar o caminho de volta depois de percorrer alguns quilômetros a mais, por uma outra trilha, munida de uma bússola que discuta com um mapa e das anedóticas instruções contraditórias de alguns desconhecidos. As noites sozinha em hotéis de beira de estrada em cidadezinhas remotas do Oeste dos Estados Unidos, onde não conheço ninguém, e ninguém que eu conheça sabe onde estou, as noites com os quadros esquisitos, as colchas floridas e a tevê a cabo que guarnecem essa moratória da minha autobiografia, quando, segundo Benjamin, eu já me perdi, apesar de saber onde estou. Momentos em que digo comigo mesma, assim que meus pés ou o carro superam um cume ou fazem uma curva: "nunca tinha visto este lugar". Instantes nos quais um panorama ou um detalhe arquitetônico que me havia escapado todos esses anos me informa que eu nunca soube onde estava, mesmo quando me encontrava em casa. Histórias que tornam o familiar mais uma vez estranho, como aquelas que revelaram as paisagens, cemitérios e espécies perdidas nos arredores de onde moro. Conversas que fazem todo o entorno desaparecer. Sonhos que acabo esquecendo até perceber que eles afetaram tudo que senti e fiz naquele dia. Perder-se dessa maneira parece ser o primeiro passo para encontrar o rumo ou um outro caminho, embora existam outras maneiras de se ver perdida.

Os americanos do século XIX raras vezes parecem ter-se perdido da maneira desastrosa como se perderam os extraviados e os cadáveres recolhidos pelas equipes de busca e salvamento. Fui pesquisar histórias de como essa gente se perdia e descobri que sair do rumo por um dia ou uma semana não era uma catástrofe para aqueles que não tinham cronogramas rígidos, que sabiam viver da terra, seguir rastros, orientar-se pelos corpos celestes e cursos d'água e usar a boca para ir à Roma naqueles lugares ainda por cartografar. "Nunca na vida me perdi no mato", disse Daniel Boone, "mas certa vez fiquei confuso uns três dias."[4] Para Boone, essa distinção é legítima, já que ele era capaz de voltar para onde sabia que já estivera e sabia o que fazer nesse entretempo[5]. A célebre função de Sacajawea na expedição de Lewis e Clark não era primordialmente a de navegadora. Ela viabilizava sua condição de perdidos por conhecer plantas úteis e idiomas, por indicar às tribos que encontravam, com sua presença e a de seu bebê, que não se tratava de um bando de guerra, e talvez por entender que tudo ali era seu lar ou o lar de alguém. Assim como ela, muitos batedores, peleiros e exploradores brancos se sentiam à vontade no desconhecido, pois, apesar de não conhecerem particularmente um determinado lugar, muitas vezes o mato era onde haviam escolhido viver. Os exploradores, escreveu-me o historiador Aaron Sachs em resposta a uma pergunta,

> [...] estavam sempre perdidos, porque nunca tinham visitado aqueles lugares. Não esperavam saber exatamente onde estavam. Mas, ao mesmo tempo, vários deles conheciam muito bem seus instrumentos e entendiam seus trajetos com um grau de precisão razoável. Na minha opinião, sua habilidade mais importante era o simples otimismo de que sobreviveriam e encontrariam o caminho.

As pessoas com quem conversei me ajudaram a compreender que a condição de perdido é, basicamente, um estado mental que se aplica na mesma medida a todos os estados metafísicos e metafóricos do perder-se e também do percorrer às cegas o inexplorado.

4. Citada em vários lugares, essa declaração supostamente feita a Chester Harding, que visitou Boone aos 85 anos para lhe pintar o retrato, apresenta muitas versões diferentes.

5. Entretempo, na definição apresentada por Rebecca Solnit em *A história do caminhar* (São Paulo, Martins Fontes – selo Martins, 2016), é "o tempo de caminhar entre um lugar e outro, de divagar e bater pernas". [N. T.]

A questão, portanto, é como se perder. Não se perder jamais é deixar de viver, não saber perder-se leva à destruição, e, em algum ponto da *terra incognita* entre aqui e ali, há uma vida de descobertas. Além de suas próprias palavras, Sachs me mandou um trecho de Thoreau, para quem explorar a vida, a natureza e o sentido é sempre a mesma arte; Thoreau, que passa discretamente de uma coisa a outra no decorrer de uma oração. "Trata-se de experiência surpreendente e memorável, além de valiosa, perder-se alguma vez no mato", ele escreveu em *Walden*.

> Somente quando nos perdemos por completo, ou damos meia-volta – pois basta a um homem dar meia-volta de olhos fechados para se perder neste mundo –, é que apreciamos a vastidão e a singularidade da natureza [...]. Somente quando nos perdemos ou, em outras palavras, somente quando perdemos o mundo é que começamos a nos encontrar, a perceber onde estamos e o alcance infinito de nossas relações.

Thoreau brinca com a velha pergunta bíblica: de que adianta ao homem ganhar o mundo e perder sua alma? Perca o mundo inteiro, ele afirma, perca-se nele, e encontre sua alma.

"De que modo procurarás aquilo que não sabes absolutamente o que é?" Levei comigo a pergunta de Mênon durante anos; então, quando tudo estava dando errado, vieram os amigos com suas histórias, um após outro, ao que parece para me fornecer, se não as respostas, ao menos os marcos da estrada e as placas de sinalização. Do nada, May me mandou um trecho longo de um romance de Virginia Woolf que ela copiara com tinta preta e letras arredondadas numa folha de papel encorpado e sem pauta. Tratava de uma esposa e mãe, sozinha ao fim do dia:

> Pois agora não precisava pensar em ninguém. Podia ser ela mesma, a sós consigo mesma. E era disso de que ora ela mui-

> tas vezes tinha necessidade: pensar. Bem, nem pensar sequer. De estar silente, sozinha. Os seres e fazeres todos, expansivos, resplandecentes, sonantes, evaporavam; e a pessoa se reduzia, com um quê de solenidade, a ser ela mesma, um pontudo caroço de treva, invisível aos outros. Embora continuasse a tricotar e se sentasse ereta, era assim que ela sentia seu ser; e esse ser, descartados seus embargos, era livre para se aventurar das maneiras mais estranhas. Quando se perdia a vida de vista por um instante, o espectro da experiência parecia não ter limites [...]. Abaixo tudo é treva, tudo se espalha, é de uma profundidade insondável; mas volta e meia chegamos à tona e é assim que nos fazemos ver. Parecia-lhe que seu horizonte não tinha limites.

Esse trecho de *Ao farol* repercutia outra obra de Woolf que eu já conhecia, seu ensaio sobre o caminhar, que declarava,

> Ao sairmos de casa num belo fim de tarde, entre as quatro e as seis, nos livramos da identidade pela qual nossos amigos nos conhecem e nos tornamos parte do vasto exército republicano de andarilhos anônimos, cujo convívio é tão agradável frente à solidão de nossos quartos [...]. Em cada uma dessas vidas, pode-se penetrar um pouco, o suficiente para se ter a ilusão de que não se está agrilhoada a uma única mente, mas que se pode vestir, por alguns minutos, os corpos e mentes de outras pessoas.

Para Woolf, perder-se não era uma questão de geografia, mas de identidade, um desejo impetuoso ou mesmo uma necessidade urgente de se tornar ninguém e qualquer um, de se livrar das algemas que nos fazem lembrar quem somos, quem os outros pensam que somos. Essa dissolução da identidade é familiar para os viajantes que se veem no estrangeiro e em fortalezas remotas, mas Woolf, com sua percepção aguçada das nuances da consciência, era capaz de encontrá-la num passeio pela rua, num momento de solidão desfrutado na poltrona. Woolf não era romântica, não celebrava o perder-se do amor erótico, no qual o amado se transforma em convite para nos tornarmos – em segredo, em estado latente, feito a cigarra enterrada que aguarda dezessete anos por sua convocação – quem já se encontra escondido, esse amor pelo outro que também é o desejo de habitar nosso próprio mistério dentro do mistério alheio. O perder-se de Woolf era solitário, como o de Thoreau.

Malcolm, por nenhuma razão especial, mencionou o povo wintu das regiões norte e central da Califórnia, que não usa as palavras "esquerda" e "direita" para descrever os próprios corpos, utilizando os pontos cardeais em vez disso. Fiquei extasiada com essa descrição de uma língua e, por trás dela, de uma imaginação cultural em que o ser existe apenas em referência ao resto do mundo, em que não existimos sem as montanhas, o sol e o céu. Como escreveu Dorothy Lee: "Quando o wintu sobe o rio, os morros ficam no oeste; o rio, no leste; e o mosquito pica-lhe o braço oeste. Na volta, os morros ainda estão no oeste; mas, quando a picada coça, ele a coça no braço leste"[6]. Nesse idioma, o ser nunca se perde da maneira como muita gente hoje em dia se perde no mato, sem conhecer os pontos cardeais, sem rastrear sua relação não só com a trilha, mas também com o horizonte, a luz e as estrelas. O falante dessa língua, porém, ficaria perdido se não tivesse um mundo com o qual se conectar, estaria perdido nos limbos modernos dos trilhos de metrô e das lojas de departamentos. No idioma wintu, o mundo é estável, nós somos contingência, somos nada quando apartados do ambiente.

Nunca tinha ouvido falar de uma concepção tão forte de lugar e direção, mas essa consciência direcional se encontra embutida numa língua quase perdida. Há uma década, havia entre seis e dez falantes de wintu, seis pessoas fluentes num

6. Dorothy Lee, *Freedom and Culture*, 1959.

idioma em que o ser não era a entidade autônoma que nós imaginamos quando carregamos conosco nossas direitas e esquerdas. A última falante fluente do wintu setentrional, Flora Jones, morreu em 2003, mas o homem que me mandou essa informação por *e-mail*, Matt Root, mencionou que três wintu e um membro da vizinha tribo do Pit River "[...] conservam fragmentos do antigo calão e do sistema de pronúncia wintu". Ele mesmo era um estudioso da língua e tinha esperança de que ela renascesse, para que seu povo "começasse a criar laços com seu passado" por meio do idioma.

> A visão de mundo dos wintu é de fato singular, é a intimidade com nosso hábitat que complementa essa singularidade, e é por meio de um possível restabelecimento do povo, do lugar, da cultura e da história que serão curadas as sequelas duradouras da remoção e do genocídio flagrante. As precursoras da perda contemporânea do idioma.

Ou, nas palavras de um artigo recente a respeito das cem línguas indígenas da Califórnia, em franco desaparecimento:

> Essa diferenciação linguística pode estar relacionada à diferenciação ecológica. Sob esse ponto de vista, as pessoas adaptaram suas palavras aos nichos ecológicos que ocuparam, e a ecologia variada da Califórnia estimulou sua diversidade linguística. A teoria encontra respaldo em mapas que indicam que áreas com um maior número de espécies de plantas e animais também apresentam maior quantidade de idiomas.[7]

Seria bom poder imaginar que os wintu se situavam tão perfeitamente num mundo de fronteiras conhecidas que eles

7. "A Faith in Words", artigo de setembro de 2014 de autoria de Kerry Tremain, na revista dos ex-alunos da University of California, Berkeley, *California Monthly.*

não sabiam o que seria perder-se, mas seus vizinhos mais ao norte – o povo do Pit River ou achumawi – indicam que provavelmente não era bem assim. Certo dia, fui encontrar uns amigos numa apresentação no parque, mas, como não os achei na multidão, fui parar num sebo e achei ali um livro antigo. Nesse livro, Jaime de Angulo, o indócil contador de histórias e antropólogo de origem espanhola que, oitenta anos antes, passara um bom tempo com essa gente, escreveu:

> Agora quero falar de um fenômeno curioso que ocorre entre os índios do Pit River. Em nosso idioma, os índios se referem a isso como "divagar". Diz-se de um homem que "ele está divagando" ou que "começou a divagar". Ao que parece, em certas condições de estresse mental, o indivíduo passa a achar insuportável a vida em seu ambiente costumeiro. Esse homem começa a divagar. Sai errando por aí, a esmo. Faz paradas aqui e ali, nos acampamentos de amigos ou parentes, mas segue em frente, sem se deter mais do que alguns dias num mesmo lugar. Não dá sinal algum de pesar, tristeza ou preocupação [...]. O Errante, seja homem ou mulher, evita acampamentos e aldeias, mantém-se no mato, em lugares abandonados, no alto das montanhas, no fundo das gargantas.

Esse errante não está muito longe de Woolf, e ela também conhecia o desespero e a ânsia por algo que os budistas chamam de "não ser", a ânsia que, por fim, a levou a entrar num rio com os bolsos cheios de pedras. Não é o estar perdido, mas o tentar perder-se.

De Angulo prossegue dizendo que divagar pode levar à morte, desesperança e loucura, a várias formas de desespero, ou pode levar a encontros com outros poderes nos lugares mais remotos que o errante porventura visite. E conclui:

> Quando você já estiver bem indócil, pode ser que outras coisas ariscas venham dar uma olhada em você, e uma delas

talvez se apegue à sua pessoa, não porque você tem frio e sofre, mas simplesmente porque ela foi com a sua cara. Quando isso acontece, o divagar termina, e o índio se torna um xamã.

Nós nos perdemos porque desejamos estar perdidos. Mas nesse lugar que chamamos de perdido encontram-se coisas estranhas. O editor de Jaime de Angulo ressalta: "Todo homem branco é um errante, dizem os antigos"[8].

Durante esse longo período em que as histórias não paravam de cair do céu, eu me apresentei num bar que ficava numa rua com vista para o oceano, antes de aterrarem a costa norte da península de São Francisco para acotovelarem ali mais uns quarteirões de cidade. Li um texto breve que terminava com um aguaceiro, e um outro que falava do mar, então fui atrás de algo para beber. Carol, esposa do homem que me convidara a fazer a leitura, acenou para que eu me fosse sentar no banco ao lado dela no bar e me acabou falando do tatuador que era seu vizinho havia anos. O tatuador alimentara durante décadas o vício da heroína, então uma ferida na mão dele deixada pelas picadas constantes acabou infeccionando. Ele foi parar no hospital com uma infecção generalizada que quase o matou, e tiveram de amputar o seu braço, o direito, o braço de que ele precisava para trabalhar. Mas, para a surpresa do tatuador, no fim desse longo período de parar às portas da morte e voltar, o médico lhe disse que ele se havia livrado da dependência química. Foi chutado do hospital sem uma ocupação, mas de sangue limpo, obrigado a recomeçar do zero, uma chegada a este mundo tão abrupta e avassaladora quanto o próprio nascimento. Uma tatuagem de dragão antes lhe subia pelo braço, mas agora só restava a cabeça da criatura.

8. Na introdução de Bob Callahan da antologia que organizou, *A Jaime de Angulo Reader*, Berkeley, Turtle Island Press, 1979.

Enquanto eu a levava de carro para casa, na saída do bar, minha amiga Suzie me contou qual era o verdadeiro significado da imagem vendada da Justiça que segura a balança. Suzie andava desenhando o próprio tarô e, com isso, repensava cada carta. A Justiça, afirmava um livro de mitologia clássica, colocava-se diante dos portões do Hades e decidia quem poderia entrar, e entrar era ser escolhido para passar por uma depuração através do sofrimento, da aventura e da transformação, um percurso de castigos até a recompensa que é o ser transformado. Isso dava uma outra cara ao ato de ir para o inferno. E sugeria que a justiça era algo muito mais complicado e incalculável do que costumamos imaginar, que, se é para tudo se equilibrar no fim, então o fim se encontra muito mais longínquo do que se esperava, e é muito mais difícil de estimar. Também sugere que viver com conforto pode ser deixar-se ficar pelo caminho. Vá para o inferno, mas não se detenha ao chegar lá e volte a sair do outro lado. Então Suzie desenhou um grupo em volta da fogueira para representar sua justiça, declarando que a justiça é ajudar um ao outro na jornada. Uma outra noite dessas, o parceiro de Suzie, David, me falou de um biólogo havaiano seu conhecido que descobria novas espécies perdendo-se intencionalmente na floresta tropical. Ali, com a densidade da folhagem e o céu encoberto, a tarefa era mais fácil do que nos planaltos dos wintu.

Fazia anos que David fotografava espécies ameaçadas na floresta tropical havaiana e outros biomas, e suas coleções de fotos e as cartas de tarô de Suzie pareciam estar relacionadas de alguma maneira. As espécies desaparecem quando seu hábitat se perde, e por isso ele as fotografava contra o nenhures de um pano de fundo preto (o que às vezes implicava pendurar um pedaço de veludo preto nos lugares mais improváveis e nos climas mais desalentadores), e assim cada criatura, cada planta como que posava para um retrato formal em contraste com a escuridão. As fotografias também pareciam cartas: cartas do baralho do mundo em que cada criatura descreve uma história, uma maneira de ser e existir, uma série de possibilidades, um baralho que tem suas cartas descartadas, uma após outra. As plantas e os animais também são um idioma, mesmo na nossa língua reduzida e domesticada, na qual as crianças crescem como mato ou cheiram a rosas, o mercado financeiro é feito de touros e ursos, e a política, de gaviões e pombos. Assim como as cartas, é possível ler e reler a flora e a fauna, não só isoladamente, mas também combinadas, nas permutações infinitamente variáveis de uma natureza que narra as próprias histórias e afeta as nossas, uma natureza que estamos perdendo sem conhecer ao certo a magnitude dessa perda.

"Perdido" tem mesmo dois significados díspares. Perder as coisas é o sumiço do conhecido; perder-se é a aparição do desconhecido. Há objetos e pessoas que desaparecem de nossa vista, ciência ou domínio; a gente perde um bracelete, uma amiga, a chave, mas ainda sabe onde está. Tudo é conhecido, exceto que agora falta um item, há um elemento ausente. Ou então a gente se perde e, nesse caso, o mundo se tornou maior do que nossa ciência dele. De um jeito ou de outro, o que se perde é o controle. Imagine-se percorrendo o tempo e livrando-se de luvas, sombrinhas, chaves inglesas, livros, amigos, casas, nomes. É a vista que se tem ao se tomar um assento invertido no vagão. Olhando para a frente, você não para de adquirir momentos de chegada, momentos de percepção, momentos de descoberta. O vento joga seu cabelo para trás, e você é saudada por aquilo que ainda não tinha visto. A matéria despenca e desaparece num jorro de experiência. Desprende-se feito a pele de uma serpente na muda. Claro que esquecer o passado é perder a noção de perda que também é a lembrança de uma riqueza ausente e uma série de pistas para se orientar no presente. Não é a arte de esquecer, mas a de se desapegar. E, quando tudo mais tiver desaparecido, você poderá ter a perda como sua riqueza.

E, por fim, saí em busca de Mênon. Pensava que sua pergunta integrasse uma coletânea de aforismos ou fragmentos, como os de Heráclito. Tinha em mente a imagem nítida de um livro que não existe. Havia esquecido, se é que o soubera um dia, que Mênon era um dos diálogos de Platão. Sócrates peleja com o sofista Mênon e, como sempre acontece nas lutas arranjadas de Platão, destrói o oponente. Volta e meia, caminhando, avisto o que a uma pequena distância parece ser uma joia ou uma flor e, alguns passos depois, revela-se como lixo. Mas, antes dessa revelação, a coisa parece tão bela. É o que acontece com a pergunta de Mênon, se bem que talvez apenas por causa da tradução floreada em que a conheci, fora de contexto. Sócrates responde à pergunta:

> Compreendo que tipo de coisa queres dizer, Mênon. Vês quão erístico é esse argumento que estás urdindo: que, pelo visto, não é possível ao homem procurar nem o que conhece nem o que não conhece? Pois nem procuraria aquilo precisamente que conhece – pois conhece, e não é de modo algum preciso para um tal homem a procura – nem o que não conhece – pois nem sequer sabe o que deve procurar.[9]

O importante não é a possibilidade de Elias aparecer um dia desses. O importante é que as portas se abrem para as trevas uma vez por ano. A tradição judaica sustenta que algumas perguntas são mais significativas que suas respostas, e este seria o caso. A pergunta, como a apresentou a moça que fotografara a água, era como um sino cujas reverberações pairaram no ar durante muito tempo, amainando pouco a pouco sem aparente-

9. Platão, *Mênon*, texto estabelecido e anotado por John Burnet, tradução de Maura Iglésias, Rio de Janeiro, PUC-Rio/Loyola, 2001, 117 p. [N. T.]

mente fazer algo tão simples quanto cessar. Sócrates, ou Platão, parece determinado a fazê-la cessar. A pergunta levanta o que levantam muitas obras de arte: a obra significa o que o artista pretendia que significasse, o argumento de Mênon significa o que ele ou Platão pretendia que significasse? Ou é maior do que sua pretensão? Pois não se trata, afinal de contas, de uma pergunta sobre a possibilidade de conhecer o desconhecido, de chegar lá, mas de como sair à procura dele, como viajar.

Durante boa parte do diálogo, Sócrates refuta e ataca Mênon com lógica, argumentação e mesmo matemática. Mas, nessa pergunta, ele passa ao misticismo – isto é, à afirmação poética e não comprovável. Logo após sua primeira réplica desdenhosa, ele acrescenta:

> E as coisas de que falam são estas aqui. Examina se te parece que falam a verdade. Dizem eles pois que a alma do homem é imortal, e que ora chega ao fim e eis aí o que se chama morrer, e ora nasce de novo, mas que ela não é jamais aniquilada. É preciso pois, por causa disso, viver da maneira mais pia possível. "Pois aqueles de quem Perséfone a expiação por uma antiga falta tiver recebido, ao sol lá em cima, no nono ano, as almas desses ela de novo envia, e dessas almas, reis ilustres e homens impetuosos pela força ou imensos pela sabedoria se elevam. E pelo resto dos tempos, como heróis impolutos são invocados pelos homens." Sendo então a alma imortal e tendo nascido muitas vezes, e tendo visto tanto as coisas que estão aqui quanto as que estão no Hades, enfim todas as coisas, não há o que não tenha aprendido; [...] o procurar e o aprender são, no seu total, uma rememoração.[10]

Sócrates afirma que podemos conhecer o desconhecido porque nos lembramos dele. Já conhecemos o que parece des-

10. Idem. [N. T.]

conhecido; já estivemos aqui, só éramos outra pessoa. Isso apenas muda a localização do desconhecido de outro desconhecido para o eu desconhecido. Mênon diz: Mistério. Sócrates diz: ao contrário, Mistério. É certo e seguro. Pode servir de bússola.

Seguem-se alguns dos meus mapas.

O azul da distância

O mundo é azul em suas beiradas e profundezas. Esse azul é a luz que se perdeu. Na extremidade azul do espectro, a luz não percorre toda a distância entre o sol e nós. Ela se dispersa entre as moléculas do ar, espalha-se na água. A água é incolor, e as águas rasas parecem ter a cor do que jaz abaixo delas, mas as águas profundas se enchem dessa luz dispersa e, quanto mais pura for a água, mais forte será o azul. O céu é azul pela mesma razão, mas o azul do horizonte, o azul da Terra que se parece dissolver no céu, é um azul mais profundo, mais onírico e melancólico, o azul nos confins mais longínquos dos lugares que a gente enxerga por quilômetros, o azul da distância. Essa luz que não nos toca, que não percorre a distância toda, a luz que se perde, oferece-nos a beleza do mundo que, em grande parte, é azul.

Durante muitos anos, deixei-me impelir pelo azul na orla longínqua do visível, aquela cor de horizontes, de cordilheiras remotas, de tudo que fosse distante. A cor dessa distância é a cor de uma emoção, a cor da solidão e do desejo, a cor do lá visto daqui, a cor de onde não se está. A cor de onde nunca se poderá ir. Pois o azul não está no lugar quilômetros ao longe no horizonte, mas na distância atmosférica entre nós e as montanhas. "Saudade é lonjura", diz o poeta Robert Hass, "porque o desejo é só distâncias infinitas"[1]. O azul é a cor da saudade das

1. "Longing, because desire is full of endless distances." Do poema "Meditations at Lagunitas", in *Praise*, Ecco Press, 1990.

distâncias às quais nunca se chega, é a cor da saudade do mundo azul. Numa manhã úmida e agradável de começo de primavera, quando eu seguia de carro pela estrada sinuosa que cruza o monte Tamalpais, a montanha de 760 metros de altura ao norte da ponte Golden Gate, uma das curvas me revelou de repente um panorama de São Francisco em tons de azul, uma cidade de sonho, e senti uma vontade enorme de morar naquele lugar de colinas e construções azuis, mesmo morando de fato lá, de onde eu acabara de sair logo após o desjejum, e o café castanho, o omelete amarelo e a luz verde dos semáforos não me davam essa vontade, sem contar que eu estava ansiosa para passar pela encosta oeste da montanha.

Tratamos o desejo como um problema a ser resolvido, consideramos para que serve o desejo e nos concentramos nessa coisa e em como adquiri-la, e não na natureza e na sensação do desejo, embora muitas vezes seja a distância entre nós e o objeto de desejo que preencha o espaço interveniente com o azul da saudade. Às vezes me pergunto: será que, com um ligeiro ajuste na perspectiva, poderíamos acalentá-lo como sensação que é, já que é tão inerente à condição humana quanto o azul é intrínseco à distância? E se fosse possível percorrer a distância só com os olhos, sem desejar fazê-lo com as pernas? E se fosse possível nos apropriarmos da saudade da mesma maneira que nos apoderamos da beleza daquele azul que não temos como possuir? Pois um pouco dessa saudade, à semelhança do azul da distância, apenas mudará de lugar com a aquisição e a chegada, sem ser mitigada, da mesma maneira que as montanhas deixam de ser azuis quando nos vemos entre elas, e o azul agora passa a colorir o próximo além. Em algum ponto aí se encontra o mistério de por que as tragédias são mais belas que as comédias e por que nos deliciamos tanto com a tristeza de algumas histórias e canções. Sempre há algo que está muito distante.

A mística Simone Weil escreveu a um amigo que se achava em outro continente: "Amemos esta distância, que foi minuciosamente entretecida com a amizade, pois aqueles que não se amam nunca se separam"[2]. Para Weil, o amor é a atmosfera que preenche e tinge a distância entre ela e seu amigo. Mesmo quando esse amigo chega à soleira da porta, algo permanece impossivelmente remoto: quando avançamos para abraçá-lo, nossos braços aninham o mistério, o incognoscível, aquilo que não temos como possuir. O longe se infiltra até mesmo no que há de mais próximo. Afinal de contas, mal conhecemos nossas próprias profundezas.

No século XV, os pintores europeus começaram a pintar o azul da distância. Os artistas anteriores não se haviam preocupado muito com o longínquo em sua arte. Por vezes, uma parede sólida de ouro servia de fundo para os santos e patronos; outras vezes, o espaço descrevia uma curva ao redor deles, como se a terra fosse de fato uma esfera, mas estivéssemos em seu interior. Os pintores passaram a se preocupar mais com a verossimilhança, com retratar o mundo como ele se apresentava aos olhos humanos, e, naqueles tempos, quando a arte da perspectiva estava no começo, eles se apoderaram do azul da distância como mais uma maneira de dar profundidade e dimensão à sua obra. Muitas vezes a faixa de azul que vai de encontro ao horizonte parece exagerada: invade demais o primeiro plano, é uma mudança demasiado abrupta, é exageradamente azul, como se eles carregassem nas tintas de tão alvoroçados com esse fenômeno. Abaixo do céu, acima do suposto tema da pintura, nos espaços que antecediam o horizonte, eles pintavam um mundinho azul: pastor, ovelhas, casas, morros, estrada e carroça, todos azuis.

2. No livro *Gravity and Grace*, citado na biografia de Simone Weil de autoria de Francine du Plessix Gray, publicada pela Penguin Lives em 2001.

É algo recorrente, a vastidão azul que começa à altura do Cristo crucificado na pintura de Solario de 1503; que vai além das ruínas diante das quais uma bela Virgem admira o filho adormecido, a repousar num manto de azul mais vivo, numa pintura do ateliê de Rafael; que se vê na pintura de 1571 de Niccolò Dell'Abate, mostrando uma cidadezinha e um céu azuis atrás do que parece ser a clássica congregação das Graças que, despreocupada e incongruentemente, tiram Moisés da correnteza de um rio viçoso cuja cor parece brotar do pano de fundo, como a tintura que se desprende de tecido novo. Está presente nas pinturas italianas e nórdicas. No tríptico da Ressurreição de Hans Memling, aproximadamente de 1490, os pés e a barra do manto de uma personagem que paira no ar escapam pelo alto da moldura, temerariamente cortados como se numa fotografia, apesar de não existirem fotos de milagres. Abaixo dessa figura, um grupo de personagens de cabelos castanhos olha para cima, com as mãos erguidas em oração e assombro. Logo acima de suas cabeças fica a margem de um lago. O lago é azul e, passadas as suas águas, vemos colinas azuis, como se houvesse três reinos: o paraíso de cores crepusculares que a personagem flutuante parece adentrar, a terra multicolorida mais abaixo, e o distante reino azul que não é nem um nem outro, que não é parte dessa dualidade cristã. O efeito é ainda mais pronunciado na famosa pintura de Joachim Patinir, a de São Jerônimo nos ermos, executada uns trinta anos mais tarde. Jerônimo está agachado numa cabana de teto roto diante de um afloramento de rochas cor de chumbo, e, atrás dele, uma parte considerável do mundo é azul: rio, penedos, morros, todos azuis, como se o santo se tivesse exilado não da civilização, mas desse tom celestial em particular. E, contudo, à semelhança de uma das personagens na pintura de Memling, Jerônimo veste um azul suave, como acontece com tantas Virgens Marias, como se vestissem a lonjura, como se parte dessa lonjura ambígua tivesse avançado para o primeiro plano.

Em seu retrato de Ginevra de'Benci de 1474[3], Leonardo pintou somente uma faixa estreita de árvores e horizonte azuis no fundo, atrás das árvores acastanhadas que emolduram a mulher austera e pálida, com o corpete fechado por atilhos de azul idêntico, mas ele adorava efeitos atmosféricos. Ele escreveu que, ao pintar construções,

> [...] para fazer uma delas parecer mais distante que outra, deve-se representar o ar com muita densidade. Pinta, portanto, o primeiro edifício [...] na cor que lhe cabe; o que se segue a ele na distância, faze-o menos delineado e mais azul; aquele que desejas mostrar ainda mais longínquo, pinta-o ainda mais azul; e aquele que estiver cinco vezes mais distante, faze-o cinco vezes mais azul.

Os pintores pareciam ter-se enamorado do azul da distância e, quando se olha para uma dessas pinturas, é possível se imaginar num mundo onde poderíamos atravessar um trecho de relva verde, troncos castanhos de árvores, casas caiadas de branco, e então, em algum ponto, chegar ao país azul: relva, árvores e casas se tornam azuis e, quem sabe, se dirigir o olhar para baixo e para si mesmo, também veríamos azul como o deus hindu Krishna.

Esse mundo se concretizou nas cianotipias, ou fotografias azuis, do século XIX – *cian* significa azul, apesar de eu sempre ter pensado que o radical se referia ao cianeto usado para produzir as cópias. As cianotipias eram baratas e fáceis de fazer, e, por isso, alguns amadores optavam por trabalhar somente

3. A maioria das pinturas descritas neste capítulo está no Louvre, mas o retrato de autoria de Da Vinci se encontra na National Gallery de Washington, DC, EUA.

com essa técnica, alguns fotógrafos profissionais usavam esse veículo para produzir cópias preliminares, tratadas de tal maneira a desbotar e desaparecer em algumas semanas: essas fotos condenadas a sumir eram oferecidas como amostras, a partir das quais era possível encomendar imagens permanentes em outras tonalidades. Nas cianotipias chega-se a esse mundo onde treva e luz são azul e branca, onde pontes, pessoas e maçãs são azuis como os lagos, como se tudo se visse através da atmosfera melancólica que ali é cianeto. A cor persistiu em cartões-postais e chegou a meados do século XX: tenho alguns com palácios, geleiras, monumentos e estações de trem, todos azuis.

Existe um álbum de fotografias ovais feitas em algum momento no fim do século XIX por um homem chamado Henry Bosse[4]. Todas as imagens são do alto rio Mississipi, e todas são cianotipias azuis. A princípio, parecem retratar um reino encantado, o rio de muito tempo atrás, mas Bosse trabalhava com os engenheiros que estavam estrangulando e retificando o rio, transformando sua selvageria meandrante, com ilhas, remoinhos e margens pantanosas, em algo mais estreito e de fluxo mais rápido, um curso d'água desimpedido e cerceado para escoar velozmente o comércio. Fizeram diques laterais, afloramentos que retinham o sedimento e apagavam as margens naturais do rio, eles o dragaram e confinaram, mas as fotos de Bosse são mais belas do que exigiam a documentação e a engenharia, cada uma delas um camafeu azul: azul pela extensão toda até o primeiro plano de pátios ferroviários azuis e pontes azuis em construção. Mas, neste mundo em que de fato vivemos, a distância deixa de ser distância e de ser azul quando nela chegamos. O longe se torna o perto, e os dois não são o mesmo lugar.

4. O álbum foi republicado pela Twin Palms Press em 2002.

Em certo ano de seca, o nível do Grande Lago Salgado baixou tanto que boa parte do que normalmente era mar virou terra, e eu saí para caminhar ali, seguindo na direção da ilha de Antelope, que flutuava acima de seu próprio reflexo, um objeto sólido e simétrico feito pedra preciosa, pairando naquele azul. Quilômetros e quilômetros do que não muito antes ainda era o lago se haviam transformado num misto de mosaico e quebra-cabeça de poças rasas, areia seca e areia úmida, lagoas rasas de água límpida, dedos compridos de areia que se estendiam na direção da ilha e seu reflexo na água mais azul logo adiante. Às vezes os bancos de areia terminavam dentro d'água, e eu tinha de procurar um outro caminho se quisesse avançar, mas consegui andar mais ou menos diretamente até a ilha ao longo dos quilômetros e das horas que minha excursão durou. Atravessei um terreno que ora era areia enrugada; ora, areia lisa, que por vezes cedia sob meus pés, como se bolsões de ar se escondessem ali embaixo, e que em outras ocasiões chapinhava, cercando minhas pegadas com uma areia mais clara nos pontos onde meu peso havia expulsado a água. Com a extensa linha de pegadas desfraldando-se atrás de mim, não havia como eu me perder literalmente, mas perdi a noção do tempo, perdendo-me daquela outra maneira que não tem a ver com a mudança de lugar, mas com uma imersão tão profunda que tudo mais desaparece.

Por vezes viam-se raminhos de folhas castanhas de carvalho no chão, embora não se visse uma árvore por perto, e a margem já estivesse muito distante. Outras vezes grumos amarfanhados e encharcados de ossos e penas que um dia foram aves jaziam na prainha. Como as folhas chegaram ali, como as aves morreram: era um mistério insondável, palavra que denota profundezas que não se podem medir com um prumo. Atrás de mim, gravada no alto das rochas e montanhas para lá do Grande Lago Salgado, ficava a linha d'água do lago Bonneville, que fora tão maior e tão mais profundo, tempos atrás numa era mais úmida da Terra, quando as sequoias cresciam no Arizona e o Vale da Morte também era um lago. Dez mil anos ou mais haviam transcorrido desde que o Bonneville deixara de existir, mas sua orla contornava toda a paisagem e insistia que ali, onde eu caminhava, tinha sido um dia profundezas subaquáticas, da mesma maneira que os despojos e a areia macia não me deixavam esquecer que, não muito antes, eu poderia ter passado de barco ou a nado por onde agora andava. Era uma terra nova, uma terra temporária que se afogaria no inverno, e poderiam passar-se anos ou mesmo séculos até que voltasse a ser transitável a pé. A ilha de Antelope, dourada àquela luz dura, ficava maior e mais nítida a cada um de meus passos, mas continuava lá adiante, feito um sonho ou uma esperança. A água que restava era azul-clara, e, naquela tarde escaldante de outubro, um céu pálido a encontrava ao longe, e era difícil distinguir o ar da água.

Perdida na caminhada que me libertara das amarras do tempo, pensei na conferência que eu havia ministrado em Salt Lake City. Tentando descrever a profundidade da mudança que não conseguimos registrar, eu havia contado uma história oriunda de um outro lago, o Titicaca, na Bolívia. Quando eu tinha dois anos, moramos em Lima, Peru, durante um ano, e todos nós – mãe, pai, irmãos e eu – subimos os Andes certa vez, então cruzamos de barco o lago Titicaca, do Peru para a Bolívia. Titicaca, um daqueles lagos de altitudes elevadas – Tahoe, Como, Atitlán –, feito olhos azuis que devolvem o olhar azul do céu.

Certo dia, há alguns anos, minha mãe tirou do seu baú de cedro a blusa turquesa que comprou para mim naquela viagem à Bolívia, uma miniatura dos trajes das mulheres nativas. Quando ela desdobrou a roupinha e a entregou a mim, a lembrança viva de vesti-la colidiu escandalosamente com o fato de que a peça era tão minúscula, com suas mangas de menos de trinta centímetros de comprimento e um corpete diminuto para uma caixinha torácica que já não era mais minha, e a razão do escândalo era que minha lembrança vívida incluía a sensação de estar dentro daquela camisa de brocado, mas não o fato de que dentro dela eu teria sido tão miúda, algo completamente diferente do que meu eu adulto recordava. A continuidade da memória não media o abismo entre o corpo de uma criança de dois anos e o de uma mulher.

Ao reaver a blusa, perdi a lembrança, pois uma e outra eram irreconciliáveis. Desapareceu num instante, e eu presenciei esse sumiço. Por vezes ouvimos falar de murais e corpos milagrosamente preservados, enterrados, selados, protegidos da luz por centenas ou milhares de anos. Expostos ao ar fresco e à luz pela primeira vez, eles começam a se apagar, a se desfazer, desaparecer. Por vezes ganhar e perder estão mais intimamente ligados do que pensamos. E algumas coisas não se podem mover nem possuir. Uma parte da luz não percorre o caminho todo através da atmosfera: dispersa-se.

Guardei a blusa em meu próprio baú e voltei a tirá-la de lá quando comecei a pensar nisso outra vez, e descobri que minha lembrança havia-se transformado em algo mais familiar: as blusas de veludo das moças e mulheres navajos. A blusa boliviana era enfeitada com contas, tinha um decote em zigue-zague com uma guarnição de um azul suave e dois laçarotes azuis cujas fitas haviam cedido à pressão e se transformado em vincos tempos atrás, mas o tecido era um brocado listrado. Era azul-turquesa, o azul das piscinas e das pedras semipreciosas, mais celeste que o céu. Bolívia, disse eu a uma pessoa amiga, que escutou Oblívio.

Quando comecei a escrever, tinha sido criança a maior parte da vida, e minhas lembranças de infância eram vívidas e potentes, as forças que me deram forma. A maioria foi-se atenuando com o tempo, e, toda vez que coloco uma delas no papel, eu a dou embora: ela deixa de ter a vida obscura de lembrança e se fixa nas letras; deixa de ser minha; perde a falibilidade volúvel dos vivos, assim como a blusa deixou de ser algo de que eu me lembrava ter vestido um dia e se transformou no traje usado pela irreconhecível menininha no instantâneo quando me entregaram a peça de roupa. Uma pessoa de vinte e poucos anos foi criança a maior parte da vida, mas, com o passar do tempo, essa parte que é a infância vai ficando cada vez menor, cada vez mais distante, apagada, se bem que dizem que, no fim da vida, o começo volta com vivacidade renovada, como se tivéssemos velejado ao redor do mundo e estivéssemos retornando à escuridão da qual saímos. Para os idosos, o perto e o recente muitas vezes se tornam vagos, e somente aquilo que está distante no tempo e no espaço é vívido.

Para as crianças, é a distância que não desperta tanto interesse. Gary Paul Nabhan escreve que levou os filhos ao Grand Canyon, onde percebeu "[...] como os adultos [passavam] um tempão esquadrinhando a paisagem em busca de vistas e panoramas pitorescos [...] Enquanto as crianças, de quatro no chão, ocupavam-se do que estava logo diante delas, nós, os adultos, viajávamos via abstração"[5]. Ele acrescenta que, toda vez que se aproximavam de um promontório, seu casal de filhos "[...] soltava de repente [a mão dele], para escarafunchar o chão à cata de ossos, pinhas, arenito cintilante, penas ou flores silvestres". Não existe lonjura na infância: para o bebê, a mãe no quarto ao lado se foi para sempre; para uma criança, o aniversário leva uma eternidade para chegar. Tudo que se mostra ausente é impossível, irrecuperável e inalcançável. Sua paisagem mental é como a das pinturas medievais: um pri-

5. De um livro de 1994 em coautoria com Stephen Trimble, *The Geography of Childhood* [A geografia da infância].

meiro plano cheio de coisas vívidas e, em seguida, uma parede. O azul da distância vem com o tempo, com a descoberta da melancolia, da perda, da textura da saudade, da complexidade do terreno que percorremos e com o tempo de percurso. Se a tristeza e a beleza estão emaranhadas, então talvez a maturidade traga consigo não o que Nabhan chama de abstração, mas um senso estético que redime em parte as perdas que o tempo traz e que encontra a beleza no longínquo.

A ilha de Antelope estava cada vez mais próxima, maior e mais nítida, mas, por fim, cheguei a um ponto em que não havia mais como continuar. Ou quem sabe houvesse, mas implicaria nadar naquele mar que, mesmo em condições normais, é muito mais salgado que o oceano, e que, naquela seca, deveria estar absurdamente concentrado. Consigo imaginar uma outra versão dessa jornada na qual eu me tenha despido e me posto a nadar até a ilha, queimando as costas e boiando feito uma rolha de cortiça, mas não sei o que teria feito ao chegar lá. E não sei ao certo se era para eu chegar mesmo à ilha, pois de perto sua resplandescente cor dourada se teria dissolvido em terra e mato.

Quando cheguei o mais longe que podia, olhei para baixo, as orlas festonadas de terra e água perderam a proporção e me pareceu que eu via o mundo de dentro de um avião. Os voos costumam ser de uma cidade a outra, mas entre elas ficam os reinos inexplorados aos quais só podemos dar nomes aproximados: algum lugar na Terra Nova, algum lugar em Nebraska ou nas Dakotas. A quilômetros de altura, a Terra parece um mapa de si mesma, mas sem os pontos de referência que dão sentido aos mapas. Os cotovelos de rio e os planaltos escarpados que se veem pela janela são anônimos, insondáveis, um mapa sem palavras. Descobri que o desejo de fazer um pouso de emergência num desses lugares é disseminado entre as pessoas que viajam a trabalho de uma cidade para outra. Esses locais sem nome despertam o desejo de se perder, de estar longe, o desejo daquele deslumbramento melancólico que é o azul da distância. E naquele dia lá no Grande Lago Salgado, quando olhei para meus pés, mesmo esses pés pareciam muito distantes, naquele terreno sem proporção no qual o perto e o longe cingiam um ao outro, no qual poças eram oceanos, e bancos de areia, cordilheiras.

Dei meia-volta, com a ilha atrás de mim e à minha frente o dilapidado Salt Palace onde a caminhonete aguardava, de volta ao mundo da costumeira desordem. Mas, perto de onde eu começara, havia mais uma surpresa na paisagem: uma série de chanfros rasos onde a água secara, reduzindo-se a cristais de sal. Um deles era um tapete de rosas; outro, um monte de palha; outro ainda, um campo de flocos de neve; todos feitos de sal enlameado, mas, quando tentei apanhar um montículo de rosas castanho-claras para levar comigo, elas perderam imediatamente um pouco da beleza. Certas coisas nós as temos apenas enquanto continuam perdidas; outras não se perdem desde que permaneçam distantes.

Guirlandas de margaridas

As coisas tendem a desaparecer na minha família. Quando eu era bem mais jovem, a irmã caçula do meu pai me mostrou uma caixa cheia de fotografias de família, e a parede em branco que servia de pano de fundo para minhas origens cedeu sob uma cascata de poses formais e rostos desconhecidos, sem nome, emoldurados em papel cartão e passando por toda a gama que vai do sépia ao cinzento da prata coloidal. Minha tia e eu ficamos um bom tempo com aquela caixa de papelão, sentadas em sua sala de estar – que as sequoias lançavam numa escuridão tristonha e quase perpétua –, revirando imagens enquanto ela desfiava nomes que eu conhecia ou não. A fotografia que mais me impressionou foi a da minha avó e seus dois irmãos menores na Ilha Ellis ou mais ou menos na mesma época em que passaram por aquela grande entrada de imigrantes na baía de Nova York. Espremiam-se numa fila de acordo com a altura e as convenções dos retratos de então. Traziam as cabeças raspadas, talvez por causa dos piolhos ou da tinha, e apresentavam aqueles olhos fundos e atormentados de tantos imigrantes da época, aquelas três crianças que vestiam roupinha branca de marinheiro, que vieram da Europa, cruzaram o Atlântico e ainda atravessariam um continente inteiro sozinhas.

Quando perguntei sobre as fotografias muito tempo depois, minha tia disse que a tal caixa não existia, e que eu devia ter imaginado a coisa toda. Alguns anos depois, voltei a perguntar, e ela admitiu a existência da caixa, mas disse que havia sumido. As fotografias, que deveriam ser as âncoras de um passado objetivo, são tão instáveis quanto tudo mais que compõe a história do lado paterno da minha família. Meu pai e minha tia não estão mais aqui, e os pais deles se foram há mais tempo ainda, e não há ninguém que possa repetir ou contradizer as poucas e esparsas histórias que eles contaram. Cada história foi uma surpresa, uma declaração que não seria contestada, evocada nem repetida, e tinha a brevidade enigmática dos oráculos e tapa-buracos dos jornais. De certo modo, essa história do ramo paterno da família lembra o lugar de onde vieram, um lugar em que países foram devorados e regurgitados por impérios, fronteiras mudavam de lugar sem respeito pelas línguas e culturas, em que o comunismo suprimiu o passado com a famosa ajuda de fotografias adulteradas, de modo que as imagens acompanharam os novos tempos, e aqueles que desapareceram do mundo também desapareceram das fotos que se faziam dele. As três crianças de cabeça raspada emigraram de Białystok, que tempos atrás fora parte da Lituânia e da Polônia e da Prússia, que um dia foi dominada pelas tropas de Napoleão, e que era da Rússia quando as três emigraram, uma zona de guerra tantas vezes bombardeada entre a Alemanha e a Rússia na Primeira Guerra Mundial, e mais uma vez ocupada na guerra mundial seguinte pelos alemães que dariam sumiço nos judeus.

Também pode ser que, para a minha família, a verdade não fosse uma constante, vertida como era de uma para outra das diversas línguas que eles falavam, assim como a emigração não era o mesmo tipo de desalojamento para uma gente cuja diáspora começara tanto tempo antes. Em casa eles não falavam russo nem polonês, e sim iídiche, um dialeto medieval da Alemanha, apesar de eles tampouco serem alemães, mas herdeiros da diáspora que começara em Israel quase dois milênios antes (embora não fôssemos descendentes puros, como atestam os olhos azuis e os cabelos louros comuns entre nós). Quase nada desse idioma sobreviveu para chegar à minha geração, exceto alguns insultos: o iídiche é capaz de descrever defeitos de caráter com a precisão que o inuíte descreve o gelo, ou o japonês, a chuva. Um outro idioma, o hebraico, foi preservado para outros usos, e uma imagem indelével de um país natal então imaginário impediu que os falantes se fundissem com o mundo que os cercava. Por vezes questiono o mérito dessa tenacidade milagrosa, essa lealdade a uma paisagem perdida e a uma língua senescente. Poderíamos argumentar que teria sido melhor para eles a fusão com a paisagem, como certamente aconteceu com muitos que hoje foram esquecidos, a adoção das línguas nativas, suas histórias e lugares do coração, para que deixassem de ser exilados ao deixarem de lembrar do país do qual foram exilados, para que pudessem abraçar por inteiro o país onde se encontravam. Somente se perdessem esse passado é que perderiam a condição de exilados, pois o lugar do qual foram exilados não existia mais, e eles não eram mais as pessoas que o haviam deixado. Talvez esse esquecimento deliberado, essa recusa em contar histórias tenha brotado do desejo de nos tornarmos nativos do Novo Mundo de uma maneira que eles nunca foram e nunca poderiam ter sido lá no Velho.

Todos que sobreviveram ao Holocausto o fizeram porque deixaram para trás esse país natal provisório e hostil, e somente uma mulher voltou. O amor a salvara, sua filha viria a me contar muito tempo depois em Los Angeles. Apaixonara-se por um russo com quem a família a instara a não se casar, seguiu seu coração e entranhou-se na Rússia mesmo assim, e lá sobreviveu durante a Segunda Guerra Mundial que a privou do marido quando ela estava grávida do caçula, um menino. Depois da guerra, essa viúva voltou para se reunir com a família na Polônia, mas todos tinham sido exterminados. Ela perseverou sozinha com os filhos até ser levada pela tuberculose quando as crianças ainda eram pequenas. Estas foram confiadas a um orfanato dirigido por freiras antissemitas que, quando descobriram a etnia das crianças, despacharam-nas para Israel. O filho, até onde sei, ainda mora lá, mas a filha foi estudar na França, e mais tarde foi para os Estados Unidos. Vivera com os beduínos no deserto do Negueve, com a realeza na Caxemira, com arquitetos no Arizona. Na mesa do seu quarto havia vidrinhos de terra, pós deslumbrantes em variados tons de ocre, vermelho e mesmo lavanda que ela recolhera em desertos do mundo todo, como se, depois de ser expatriada tantas vezes, aquele fosse o país natal que lhe restara, a tal coleção de terras semelhante aos potes de ruge e pó de arroz que uma outra mulher talvez tivesse em sua penteadeira. Perdemos contato desde então. Mas ela era parente do meu avô, e não da minha avó.

A mãe da minha avó também desapareceu, ou foi o que me disseram. Como muitas vezes acontecia, o pai dela foi o primeiro a partir, depois mandou trazer a esposa quando se estabeleceu no Novo Mundo, em Los Angeles, e arranjou para ela o dinheiro da passagem. Mais tarde, mandaria trazer os filhos, que ficaram hospedados na casa de parentes depois que os pais partiram. Ou foi o que me contaram certa vez, quando me disseram que minha bisavó desaparecera em algum ponto entre o Leste Europeu e a costa oeste dos Estados Unidos. Eu costumava imaginar todas as coisas que poderiam ter acontecido entre os dois lugares, eu a visualizava descendo do trem em algum ponto na pradaria, perdendo-se e continuando perdida, começando uma vida nova e inimaginável, diferente daquela que a família e a etnia lhe destinaram, saindo da compressão ruidosa de um conto de Isaac Bashevis Singer e entrando na tranquilidade expansiva de um romance de Willa Cather. Os vastos espaços do Oeste dos Estados Unidos, tão pouco conhecidos por seus imigrantes mesmo nos dias de hoje, sempre convidaram os viajantes a perder o passado – como quem perde o excesso de bagagem – e a se reinventar.

Hoje percebo que era meu o desejo de sair do trem, do carro, da conversa, da obrigação e ganhar a paisagem, era minha aquela vontade que eu atribuíra à minha ancestral. Cresci com a paisagem como recurso, com a possibilidade de sair desse domínio horizontal das relações sociais e trocá-lo por um alinhamento vertical com a terra e o céu, a matéria e o espírito. Os vastos espaços abertos falam mais alto a essa vontade, os espaços que eu mesma fui encontrar pela primeira vez no deserto e, mais tarde, nas campinas do Oeste do meu país. Entrar nesses espaços não é tão fácil como se poderia imaginar: costumam ser propriedades privadas pelas quais passamos no caminho para as terras públicas de árvores e escarpaduras, privadas porque valorizar o nada é mais difícil do que valorizar algo, e também porque, quando não são a desolação absoluta dos lagos de leitos secos, são úteis para o plantio ou como pastagem.

Há alguns anos, no Dia da Independência dos EUA, estava eu em um piquenique numa enorme fazenda pecuarista no nordeste do Novo México, era uma estranha para as pessoas de lá, com exceção dos amigos que me haviam trazido. Naquela época de monções, o pasto era um tapete verde decorado com pequenas tocas, cactos eriçados e flores silvestres das quais saltavam insetos reluzentes quando eu me aproximava. O verde estendia-se ininterruptamente até as montanhas azuis a um dia de caminhada ou mais dali, uma amplitude na qual, pelo jeito, a gente nunca precisaria parar ou já se teria transformado quando finalmente percorresse toda aquela distância. Pedi licença ao grupo e entrei no pasto, andei até que o agrupamento de olmos e choupos-do-canadá, as únicas árvores naquela vastidão toda, tivessem encolhido muito tempo depois de desaparecerem as pessoas embaixo deles. As brisas de verão me afagavam, minhas pernas avançavam como se dotadas de vontade própria, e as montanhas continuavam promissoras. Eu me detive antes que as árvores sumissem, pois naquele dia não estava pronta para desaparecer de todo na vastidão. Talvez esses espaços sejam o melhor corolário da verdade, lucidez e independência que eu já encontrei.

"O vazio é a pista sobre a qual se desloca a pessoa centrada"[1], disse um sábio tibetano há seiscentos anos, e o livro onde encontrei esse preceito prosseguia com uma explicação para a palavra "pista" em tibetano: "*shul*".

> [...] a marca que fica depois de aquilo que a produziu já ter passado – uma pegada, por exemplo. Em outros contextos, *shul* é usado para descrever o buraco lacerado no chão onde antes se erguia uma casa, o canal aberto na rocha por onde um rio corre na cheia, o amassado na relva onde um animal dormiu na noite anterior. Tudo isso é *shul*: a impressão deixada por algo que já esteve ali. Um caminho é *shul* porque é a impressão deixada no solo pelas pisadelas habituais, que o livraram de obstruções e o conservaram para que outras pessoas o usassem. Na condição de *shul*, o vazio pode ser comparado à impressão de algo que já esteve ali. Nesse caso, a impressão é formada pelos amassados, buracos, marcas e lacerações deixados pela turbulência do desejo egoísta.

Em iídiche, "*shul*" quer dizer sinagoga, mas não era para o templo que eu tentava mandar a tal ancestral desaparecida, e sim para um caminho que cruzava uma amplitude desabitada onde o céu parece descer até nossos pés.

1. Stephen Batchelor, *Buddhism without Beliefs*, 1997.

Durante um bom tempo imaginei que ela era a mulher na fotografia de 1905 de Lewis Hine, "Jovem judia russa na Ilha Ellis". Para um fotógrafo conhecido por seu documentarismo social, trata-se de uma imagem estranha: o rosto sorumbático e enérgico, o pano de fundo vago e levemente desfocado. A Ilha Ellis, que na maioria das fotos aparece apinhada de gente, ali se encontra vazia e tranquila. A única dica são as barras indistintas dos separadores de filas por onde as pessoas seguiam em procissão até o Saguão Principal. Essa imagem de um momento tão íntimo e solitário em meio ao alvoroço compacto da Ilha Ellis documenta uma anomalia tanto no lugar quanto na obra de Hine. Não trata de condições sociais. Trata da alma. Uma mulher com o lenço ou xale deslocado para trás, o suficiente apenas para mostrar os cabelos escuros, repartidos ao meio e por lavar, olha para alguma coisa que se encontra além da câmera, sem se deixar intimidar nem envolver pelo aparelho. Apenas o casaco humilde de fechamento assimétrico situa as origens da moça nas fímbrias orientais da Europa. De perto ela é quase bela, jovem e um tantinho melindrosa, mas de um pouco mais longe – ou no caso de uma reprodução menor ou mais escura – vê-se a caveira no rosto rígido dessa emigrante, como se a fome, a exaustão e o medo a tivessem aproximado de outras fronteiras que não as nacionais. Acima de suas órbitas sombreadas, a testa resplandece branca como o céu atrás dela. É como se enxergássemos através dessa testa para ver a mesma palidez distante no céu, ou como se uma e outro fossem apenas ausências no papel fotográfico.

Muito tempo depois de a imagem da mulher ganhando a pradaria ter sido entesourada como se talismã fosse, vieram-me contar que minha bisavó não desaparecera. O marido a havia encarcerado num manicômio quando ela chegara à Califórnia, e seus três filhos descobriram ao chegar que o pai se casara novamente – dessa vez com uma mulher norte-americana

– e tinha uma outra filha. Imaginei o resto: minha avó chegando e descobrindo que fora suplantada por uma meia-irmã fluente no inglês que ela ainda teria de aprender e falaria com um sotaque forte pelo resto da vida. Parece que, no começo, ela se encontrou, entrando para um clube excursionista feminino segundo uma outra fotografia: moças robustas usando coturnos de cano alto e culotes tão uniformes que pareciam militares, no alto das montanhas jovens e piníferas de Los Angeles. Não sei distingui-la no meio das donzelas de pele azeitonada e olhares esperançosos. Ela se casaria com meu avô, outro que emigrara de uma cidade próxima no Pale russo em algum momento no fim da década de 1920, trazido pelo irmão mais velho depois de ter sido apanhado nos estertores da Revolução Russa. Conheceram-se num clube excursionista judeu, alguém mencionara certa vez, e esse fato não combina com nada mais a respeito deles, pois pareciam absolutamente urbanos, apequenados dentro de seus corpos, esses cortiços de carne, e não apetrechos de aventura na vastidão do Novo Mundo. Na verdade, é o mais próximo que esses ancestrais chegam da minha imagem mental de saltar do trem e ganhar a pradaria.

Minha bisavó sumiu da vida dos filhos. E a pergunta é se essa mulher escolheu desaparecer, ou se não conseguiu encontrar uma saída dos próprios pensamentos. Ter-se-ia perdido apenas para eles porque encontrara um outro caminho, ou se teria perdido também de si mesma, privada da capacidade de percorrer o mundo e sua própria mente? Também se pode imaginar a mente como paisagem, mas apenas as mentes dos sábios talvez lembrem a pradaria na qual brinquei com a ideia do perder-se e do desaparecer. O resto de nós tem cavernas, geleiras, rios caudalosos, nevoeiros densos, abismos que se abrem a nossos pés, e até uma fauna de vândalos com os mesmos sobrenomes. Uma paisagem na qual perder-se é fácil, e visitar algumas regiões é apavorante. O budismo conta uma história na qual um homem passa a galope por um monge, e este pergunta: "Aonde vai?". "Pergunte ao meu cavalo", o homem responde. E essa emoção incontrolável não nos permite escolher um destino nem sequer visualizá-lo. É a forma mais simples de loucura que a maioria de nós experimenta parte do tempo.

Minha avó apareceu em minha vida tão abruptamente quanto a mãe dela deve ter desaparecido. Ninguém mencionara que eu tinha uma outra avó além da genitora de minha mãe, norte-americana de origem irlandesa que vivia na Costa Leste e raramente se via, até uma certa viagem a Los Angeles não muito depois de nos termos mudado mais uma vez para a Califórnia, e antes de eu começar a frequentar a escola. Seguimos de carro até uma alta instituição de concreto num mar de asfalto, e essa ancestral inesperada desceu para me beijar enquanto ainda estávamos do lado de fora. Ela deixou uma marca de batom na minha bochecha, e minha mãe soltou um grito ao se virar, pois pensou que fosse sangue. Posteriormente, ela seria transferida daquele lugar para o hospício estadual em Napa, não muito longe de onde morávamos. Durante anos pensei que fosse um asilo, porque ela ficava numa ala povoada inteiramente por idosas ávidas por crianças que se juntavam ao nosso redor e nos davam moedas quando as visitávamos, e porque ninguém me disse que não o era. O lugar era sinistramente tranquilo, repleto de gramados amplos e pontilhados de árvores que lançavam uma sombra agradável em seu entorno. Quando hoje tento rememorá-lo, lembro-me dos pássaros-pretos-de-asa-vermelha que costumávamos ver nos brejos da baía de San Pablo a caminho de lá; e de uma tarde ou várias que meu irmão caçula e eu passamos naqueles gramados fazendo guirlandas de margaridas que minha avó usava até murcharem em volta de seu busto vasto e da corcunda; e lembro-me da barraquinha de sidra de cereja sob uma árvore enorme na qual costumávamos parar na volta para casa e do sabor de cereja. Nunca me ocorreu perguntar-lhe sobre o passado, e ela provavelmente não teria muito a dizer.

Era, supostamente, esquizofrênica paranoica. Foi com esse diagnóstico que a internaram nas últimas décadas de sua vida. Sempre pensei que sua visão de mundo talvez fosse perfeitamente razoável naquelas circunstâncias, apesar de que, quando a conheci, ela já era um ser humano em escombros, a mente alterada pelo tratamento de choque, por anos de medicamentos e fosse lá qual o preço cobrado pela institucionalização. É difícil dizer se ali extirpavam o sofrimento ou o passado, ou se um e outro eram a mesma coisa. É improvável que os médicos que a tratavam tivessem vivenciado uma instabilidade tão profunda: mães desaparecidas, o abismo imenso entre o Pale russo-polonês medieval e a reluzente e amnésica Los Angeles, os três ou quatro idiomas que ela deixara para trás e o inglês que ela nunca dominara completamente, a aniquilação do mundo de onde ela viera e dos parentes que lá ficaram. O transtorno de estresse pós-traumático é o diagnóstico alternativo que um terapeuta certa vez ofereceu para explicar o comportamento dela, uma condição que reconhecia as guerras de todos os tipos às quais ela sobrevivera e um mundo no qual nada era exagerado ou terrível demais a ponto de parecer impossível.

Sou capaz de enumerar nos dedos de apenas uma mão as histórias que meu pai me contou a respeito de sua infância e família. Ele era uns trinta centímetros mais alto que os pais e – graças aos olhos azuis e aos cabelos que já haviam sido louros – muito, mas muito mais claro que a mãe, como se tivesse brotado do Sul da Califórnia, com toda a sua luz do sol e abundância. Ele era parte daquela grande onda assimilacionista da década de 1950, quando o passado étnico era considerado bagagem inútil, quando a religião dos Estados Unidos era acreditar no futuro. Não é difícil imaginar por que ele queria apagar de sua identidade o pai embusteiro e a mãe maluca, apesar de ser mais parecido com eles do que aparentava ser: montaria a vida inteira toda sorte de cavalo desembestado. Sua irmã caçula, minha tia, era tão escura quanto a mãe e, na adolescência, morando com o pai em El Paso, era rotineiramente tomada por uma possível mexicana e costumava ter problemas na travessia do rio Grande ao voltar de Juárez. Do segundo marido, ganhou o sobrenome que combinava com sua aparência, e passou por latina desde então. Cáustica, letrada, radical, ela era a guardiã das histórias e fotografias da família, embora servissem nem tanto como os pilares de uma ideia estável do passado, e mais como fantasmas e ficções em contínua metamorfose para se adequarem às necessidades do presente. Mas todas as histórias e fotografias fazem isso, sejam públicas ou privadas.

Em uma outra ocasião, minha tia pendurou em casa um retrato da sua mãe, minha avó, mais uma imagem que ali vi apenas uma vez. Mostrava uma criança de pé ao lado de uma tosca ferramenta agrícola feita de madeira. Se já existisse a fotografia há quinhentos anos, não teria sido difícil imaginar que aquela fosse uma foto da época. Comunicava como era atrasado o mundo que minha avó trocara pela ensolarada, otimista e em rápido crescimento cidade de Los Angeles nas décadas de 1910 e 1920. As pessoas nas fotos que minha tia me mostrava de vez em quando pareciam ter pouco ou nada a ver comigo: rostos, poses e roupas falavam mais de época e lugar do que de família e parentesco. A tecnologia e as convenções da fotografia dão um aspecto particular às imagens de cada geração, ao passo que a história, a moda e a comida deixam suas marcas em cada corpo, de modo que quase todos em uma determinada era têm uma espécie de afinidade entre si que não dividem com outras gerações. Antes da década de 1960, até mesmo a luz e o ar pareciam ter uma profundidade e uma luminosidade quase submarinas: a pele emitia um brilho opalescente e tudo parecia ter uma aura tênue que seria massacrada pelos filmes em preto e branco mais recentes, produzidos com uma quantidade menor de prata na emulsão. Creio que a maioria dos norte-americanos que não a viveram acha que a Depressão se deu num mundo de superfícies em branco e preto, grosseiras mas secretamente sedutoras, como se a própria textura pudesse ser a fortuna capaz de compensar toda aquela pobreza. E a primeira metade do século passado, quando a luz era dura e vinha do alto, estava cheia de rostos austeros e olhos fundos acima de roupas que desfiguravam os corpos. Encontram-se conchas marinhas fossilizadas no alto do Himalaia: o que foi e o que é são coisas diferentes.

Há uns dez anos, um dos meus irmãos visitou nossos primos na Cidade do México. Eram os primos em primeiro grau da minha avó, com quem ela havia ficado depois que os pais emigraram e que tinham emigrado eles mesmos para o México por volta da época em que ela viera para os EUA. O patriarca daquela família, que começara como camelô e se havia tornado um rico colecionador de arte, lembrava-se da infância que passaram juntos e disse a meu irmão que nossa bisavó nunca chegara à Ilha Ellis e aos Estados Unidos, pois fora internada num hospício na Rússia. Quando escutei essa história, a imagem da jovem judia russa na Ilha Ellis desapareceu de repente do meu álbum de família imaginário e transformou-se numa imagem impessoal, uma imagem feita por Lewis Hine do mundo chamado documentário, e a mulher sem nome da qual descendo tornou-se mais uma vez sem rosto e inimaginável. Hoje me pergunto o que eu procurava quando me apoderei de histórias e imagens para preencher o vazio de sua incognoscibilidade. A foto de Hine foi tirada em 1905, o ano em que minha avó nasceu, antes do nascimento de seus irmãos, cedo demais para ser a minha ancestral, que provavelmente nem sequer chegou à Ilha Ellis. Se era visível na época que eu não me poderia fiar na minha tia, hoje é visível que não me posso fiar em mim mesma: vejo que a foto de Hine lembrava um pouco uma versão sombria e atormentada de minha própria pessoa e em nada se parecia com minha avó, mesmo que vá se saber qual teria sido a aparência da mãe de meu pai nessa loteria de atributos que era a família dele, de gente alta baixa clara escura.

Por vezes penso que me tornei historiadora porque eu não tinha uma história, mas também porque era meu interesse contar a verdade numa família na qual a verdade era uma entidade esquiva. A melhor maneira de satisfazê-la não era reivindicar uma relação autoritária e indiferente com os fatos, mas expor os próprios desejos e planos, pois a verdade jaz não só nos incidentes, mas também nas esperanças e necessidades. Escrevi muitas vezes a história de coisas ocultas, perdidas, negligenciadas, amplas ou amorfas demais para aparecer na tela do radar de outras pessoas, histórias que não são os campos bem cuidados que pertencem a alguém, mas os caminhos e as hidrovias que meandram por vários campos e a ninguém pertencem. A história da arte, em particular, costuma ser traçada quase como se fosse uma estirpe bíblica, uma longa linhagem de pósteros na qual pintores descendem inteiramente de outros pintores. Da mesma maneira que as genealogias inteiramente patrilineares do Velho Testamento deixam de fora as mães e mesmo os pais das mães, essas narrativas ajeitadinhas deixam de fora todas as fontes e inspirações provenientes de outros meios e outros encontros, de poemas, sonhos, política, dúvidas, uma experiência da infância, um sentido de lugar; deixam de fora o fato de que a história é feita mais de encruzilhadas, ramificações e emaranhados do que de linhas retas. Essas outras fontes, eu as chamava de avós.

Mas essa minha bisavó representa uma outra coisa. Ter uma ancestral direta que representava o mistério e o desconhecido talvez fosse uma dádiva, generosa como generoso é o ar inane acima da pradaria, da mesma maneira que algumas perguntas são mais profundas que suas respostas. *Shul*, o caminho que é a impressão do que costumava estar ali, é o que ela é hoje, e talvez seja a senda que percorro. Eu poderia consultar genealogias, localizar parentes distantes e descobrir a verdadeira narrativa. Mas essa é a verdadeira história dela, e a minha é que cresci com esses contos volúveis. E agora, tantos anos depois de eu ter imaginado pela primeira vez uma mulher ganhando a pradaria, o que parece vívido e imediato são os pássaros-pretos-de-asa-vermelha no brejo a caminho do manicômio e a sidra de cereja na volta para casa, com um sabor semelhante ao corisco vermelho que eram os pássaros voando entre as taboas. Muitas vezes, ao ver as margaridas do tamanho de moedas de cinco e dez centavos de dólar que crescem nos gramados daqui, penso naquelas guirlandas quase murchas. É como se os pássaros fossem meus parentes; o lugar, meus ancestrais; e o sumo das cerejas, o sangue em minhas veias.

Minha tia não tem mais nada a dizer sobre o assunto. Passamos juntas seu último dia na Terra. Uma pessoa chegada a ela me havia ligado na noite anterior para dizer que o câncer de pulmão piorava a galope, apesar de ainda pensarmos que lhe restasse um mês ou algo assim. Eu estava mais atarefada do que nunca, e não era do meu feitio largar o trabalho de uma hora para outra, mas por algum motivo peguei o carro na manhã seguinte e fui até a floresta onde ela morava. Sua casa ficava na face norte do que fora um dia um *resort* de veraneio vitoriano, um lugar que não fora projetado para abrigar moradores o ano inteiro, mesmo antes de as sequoias voltarem a crescer e trazerem consigo a sombra e a umidade permanentes. A casa fria e úmida piorava a condição dela, e os cinco gatos não ajudavam, mas ela estava determinada a ficar ali até o fim. A conquista pessoal de que mais se orgulhava era a ação judicial

– que estabelecera um precedente – movida para proteger do desmatamento a bacia hidrográfica daquela comunidade.

Por isso segui rumo ao norte, passei pela cidadezinha onde havia crescido e por outras tantas cidades, pomares de macieiras e vinhedos, entrei na floresta de sequoias e subi as estradinhas íngremes de terra que levavam à casa da minha tia. Ela definhava e tinha os olhos bem abertos, assustados. Respirava o oxigênio puro de um aparelho que chiava baixinho. Os gatos andavam por cima da mesma coalhada de livros e revistas. Entreguei a ela o primeiro exemplar que eu recebera do meu novo livro e a convenci a sair de casa com o tanque de oxigênio portátil a reboque. Havíamos planejado sair para almoçar e comemorar minhas vitórias, que eu sempre tentava insistir que também eram dela, já que minha tia me havia fornido com livros e exemplos muito antes que eu começasse a escrever. No carro, ela me mandou pegar um caminho que eu nunca havia percorrido antes e pôs-se a falar de muitas coisas, de como adorava aquele lugar, de como lamentava o fato de que não viveria o suficiente para me ver comprar terras, dos filhos dela, da minha família, esse outro ramo de uma árvore pequenina, do meu futuro. Posteriormente, pareceria que naquele dia disséramos tudo que precisava ser dito.

O rio que vínhamos acompanhando desembocava no mar, tornando-se largo e tranquilo na foz, e a luz da tarde ateava-lhe um fogo prateado, o mesmo tom prateado do mar. Olhei, e duas coisas que até então eram contos me pareceram fatos naquele momento: a crença de muitas tribos costeiras de que as almas dos mortos seguem rumo ao oeste e atravessam o oceano, e a descrição da morte como o ponto em que o rio entra no mar. Eu levara minha tia para sua morte, ou, como parecia ser o caso naquela luminosidade, silenciosa como o instante que se segue a uma trovoada, eu levara nós duas para encontrar a morte. A floresta de onde viéramos parecia mais escura naquela fria conflagração de água e luz, e havíamos entrado na paisagem sem cor e radiante da morte, carregada com algo tão vital quanto a vida, majestosa demais para causar pavor, transfigurada em um mundo outro. Mais um pouco e estaríamos no restaurante, onde nos sentaríamos de modo que eu pudesse vê-la, e ela, aquele oceano. No dia seguinte ela sucumbiria ao delírio e morreria em casa quatro dias depois desse passeio até o mar.

Nove meses depois, as duas fotografias que eu recordava tão vividamente apareceram na casa de uns primos na Escócia (dois dos três filhos da minha tia voltaram para a Europa, como se o transplante para o solo novo não tivesse pegado no caso deles; a mãe denunciava violentamente os Estados Unidos como boa esquerdista que era, mas adorava sua floresta de sequoias, seu rio, sua casa, e raramente se afastava desses lugares). Olhando para essas fotografias percebi quanto haviam mudado na minha imaginação. E só agora que me sento para escrever isto é que percebo que eu também apaguei o passado. Sempre soube que meu nome do meio era uma versão anglicizada do nome de uma bisavó, mas deixei de usá-lo na adolescência, por não gostar de sua sonoridade e sentir que um nome do meio era desnecessário, já que pouquíssimas pessoas tinham meu sobrenome. Só agora percebo a qual bisavó o nome pertencia, somente ao escrever esta história passo a conhecer o nome daquela mulher desconhecida, o nome que também é meu ou que hoje é a lacuna entre meus nomes.

O azul da distância

Em 1527, o espanhol Álvar Núñez Cabeza de Vaca recusou-se a obedecer às ordens de seu comandante de levar os navios da expedição a um porto seguro enquanto esse comandante e a maioria dos homens estivessem explorando o interior do continente. Narváez, o comandante, perguntou por que, e Cabeza de Vaca, o segundo em comando da expedição, respondeu:

> [...] que estava eu certo de que ele nunca encontraria os navios novamente – nem estes, a si – como qualquer um era capaz de prever dados os preparativos calamitosamente mal-ajambrados; que eu preferia enfrentar os perigos que nos aguardavam no interior a dar o menor motivo para que questionassem minha honra se permanecesse embarcado e em segurança.

E, assim, o incompetente Narváez, Cabeza de Vaca e trezentos homens seguiram rumo ao norte durante quinze dias, por entre as sabais-anãs de um grande trecho desabitado daquilo que Juan Ponce de León chamara de Flórida catorze anos antes. Haviam conhecido nativos que lhes disseram que ao norte ficava "uma província chamada Apalachen, onde havia muito ouro e uma fartura de tudo de que [os espanhóis precisavam]". Honra e ganância seriam os dois portões que Cabeza de Vaca cruzaria para entrar no reino do completo desconhecido.

A Apalachen que encontraram era uma aldeia de quarenta casas de sapé que tinha como único tesouro o milho maduro no pé, o milho seco nos silos, camurças e "xalezinhos de péssima qualidade". Os caçadores de ouro seguiram adiante, vadeando lagos, marchando dias a fio, metendo-se em escaramuças com os nativos, comendo os próprios cavalos, construindo chatas para levá-los ao México e às colônias espanholas de lá, sem saber como estavam distantes, morrendo de flechadas que penetravam as armaduras, doenças, fome, afogamento. Ninguém mais se perderá como esses primeiros conquistadores, andando a esmo por um continente do qual nada sabiam, sem conhecer sua topografia, seu clima, confrontando habitantes com quem não dividiam uma língua comum, mergulhando onde não tinham palavras para definir lugares, plantas, animais – cangambás, aligátores, bisões – tão diferentes daqueles de seu próprio continente.

Eduardo Galeano destaca que a América foi conquistada, mas não descoberta, que os homens que chegaram com uma religião a impor e sonhando com ouro nunca souberam de fato onde estavam, e que essa descoberta ainda se está dando em nossa época. Isso sugere que a maioria dos americanos de ascendência europeia continuou perdida com o passar dos séculos, perdida não no sentido prático, mas no sentido mais profundo de compreender onde estavam de verdade, de se importar com a história do lugar e sua natureza. Em vez disso, batizaram-no em homenagem aos lugares que haviam deixado para trás e tentaram reconstruir esses locais importando plantas, animais e práticas, mesmo que abóboras, bordos e outros produtos fossem incorporados à sua dieta da mesma maneira que palavras como Connecticut, Dakota e *raccoon* [guaxinim] entraram para seu vocabulário. Mas Cabeza de Vaca e seus companheiros seriam conquistados por esta terra e sua gente, e ele ao menos parece ter descoberto onde estava.

Com exceção de quatro dos seiscentos homens que partiram naquela expedição, todos morreram nesse lugar que desconheciam, fosse de maneira rápida – violência, enfermidade ou fome – ou lenta, como escravos ou membros adotados das tribos, e suas narrativas em grande parte se perderam na história.

No Delta do Mississippi, Narváez colocou os homens mais fortes e saudáveis em sua chata e tomou a dianteira, abandonando as outras duas barcaças. Passaram-se dias. Uma chata se perdeu numa tempestade. Cabeza de Vaca comandava a outra, cujos homens haviam todos

> [...] tombado uns sobre os outros, à beira da morte. Poucos ainda estavam conscientes. Não havia cinco capazes de ficar de pé. Quando anoiteceu, somente o navegador e [Cabeza de Vaca] ainda conseguiam cuidar da chata. Duas horas depois de escurecer, [o navegador] pediu a [Cabeza de Vaca] que assumisse seu posto: ele acreditava que morreria naquela noite.

Passada a meia-noite, lembra Cabeza de Vaca, ele mesmo "[...] teria recebido a morte de braços abertos para não ver tantos a [seu] redor naquelas condições". Ao amanhecer, ele ouviu o rumor da arrebentação; com a luz do dia, encontraram terra, que provavelmente era a ilha Galveston no Texas; e os homens "[...] começaram a recobrar os sentidos, a locomoção e a esperança". Os nativos deram-lhes peixes e raízes para comer; voltaram a embarcar, mas a chata soçobrou perto da praia, e "[...] os sobreviventes escaparam nus como vieram ao mundo, pois perderam tudo que [possuíam]". Voltaram a ficar à mercê dos nativos. Chegara o inverno, os espanhóis começaram a passar fome, e os nativos começaram a morrer por causa da disenteria trazida pelos europeus, e os dezesseis sobreviventes dos noventa e tantos náufragos deram à ilha o nome de Má Sorte [*Mal Hado*].

Cabeza de Vaca virou escravo daquela tribo e passou a levar uma vida "insuportável" de trabalho árduo, que incluía colher raízes dentro d'água e no caniçal. Foi reduzido a nada, nenhum idioma, nenhuma roupa, nenhuma arma, nenhum poder, mas ele escapou e fez carreira como negociante de conchas, ocre vermelho e vagens de algaroba na região. Aparentemente, tinha um vigor físico fora do comum e uma capacidade de se reinventar extraordinária. Caminhava dias e semanas a fio fazendo apenas uma austera refeição por dia. Voltou a ser escravizado. Encontrou outros sobreviventes e, com eles, escapou do novo cativeiro. Chegaram ao território de uma outra nação indígena, onde foram acolhidos como curandeiros e permaneceram até a primavera. E o mais notável nesse ponto de sua narrativa é que ele relata ter-se perdido enquanto procurava vagens de algaroba. Ele havia-se adaptado de tal modo a essa vida nova, que só se foi considerar perdido quando perdeu o rumo e os companheiros na região ínvia das algarobeiras. Andou durante uns cinco dias, carregando tições para acender as fogueiras que o aqueciam à noite, e, no quinto dia, alcançou os outros sobreviventes da expedição de Narváez e os índios, que lhe deram figos-da-índia para comer.

Andavam nus sob o sol abrasador e, por isso, conta Cabeza de Vaca, ele e os companheiros "trocavam de pele duas vezes por ano, como as serpentes", e estavam sempre em carne viva por causa do sol, do vento e da fricção decorrente do trabalho penoso (embora um deles, Estevanico ou Estéban, "o Negro", fosse da África e provavelmente não sofresse tanto com as queimaduras). E, mais uma vez, eles se tornaram "[...] médicos, dentre os quais [Cabeza de Vaca] era o mais audaz e arrojado no que se referia às tentativas de cura [...] A confiança na infalibilidade de [seu] ministério se estendeu à crença de que ninguém morreria enquanto [os espanhóis estivessem] entre eles". Passaram-se meses entre várias tribos, passaram-se anos desde as catástrofes da Flórida. Eles continuavam a seguir para o oeste. Em algum ponto do caminho parecem ter-se transformado em seres sagrados, esses sobreviventes nus e inexoráveis cuja jornada havia-se tornado uma procissão triunfal acompanhada por três ou quatro mil nativos. E toda nova aldeia os saudava como milagreiros e oferecia bailes em sua homenagem. Receberam chocalhos de cobre, contas de coral, turquesas, cinco pontas de flecha de malaquita verde que Cabeza de Vaca confundiu com esmeralda e uma oferenda de seiscentos corações de cervos. Já andavam a esmo havia nove anos quando chegaram ao que viriam a chamar de Aldeia dos Corações.

Pouco depois, encontraram indícios e ouviram falar de conquistadores: haviam chegado ao que hoje é o Novo México, um "[...] território vasto que [encontraram] desocupado, pois os habitantes fugiram para as montanhas com medo dos cristãos". Depois de garantir aos nativos que "mandariam [os espanhóis] parar de matar, escravizar e expropriar os índios", Cabeza de Vaca e os três companheiros seguiram viagem. No relato que escreveria posteriormente, Cabeza de Vaca recomendaria que somente a gentileza sujeitaria aquela gente aos espanhóis e à cristandade. Certo dia ele partiu numa empreitada com seu colega de pele escura e onze nativos e percorreram a pé mais de cinquenta quilômetros. Na manhã seguinte toparam com espanhóis a cavalo em missão de apresamento, e estes ficaram pasmos com aquele personagem nu que se sentia tão à vontade entre a gente e os lugares daquele outro continente. Embora fizesse quase uma década que ele tentava voltar para seu povo, o primeiro encontro não foi fácil. Os espanhóis que os dois encontraram queriam escravizar o séquito de Cabeza de Vaca, e tanto ele quanto os outros sobreviventes "[...] ficaram tão zangados que [partiram], esquecendo os vários arcos recurvos, as várias bolsas e as cinco pontas de flecha de esmeralda etc., que portanto [perderam]". Os indígenas entre os quais se foram abrigar recusaram-se a acreditar que eles eram da mesma tribo que os conquistadores, pois Cabeza de Vaca e os seus

> [...] [vinham] do nascente; [os outros,] do poente; [eles] curavam os enfermos, os outros matavam os sãos; [eles] vinham nus e descalços; os outros, vestidos, a cavalo e com lanças nas mãos; [eles] nada cobiçavam, apenas davam tanto quanto recebiam, ao passo que os outros roubavam todos que encontravam e nada concediam a ninguém.

Aqueles homens que vinham do poente eram o que Cabeza de Vaca havia sido ao aportar na Flórida.

Depois de chegar a uma cidadezinha espanhola no México, ele levou algum tempo até tolerar usar roupas de novo ou dormir em qualquer outro lugar que não fosse o chão. Andara nu por aí, trocara de pele feito uma cobra, perdera a ganância e o medo, fora privado de quase tudo que um ser humano poderia perder e usufruir, mas aprendera várias línguas, tornara-se um curandeiro, passara a admirar as nações indígenas entre as quais vivera e a se identificar com elas: não era mais quem já tinha sido. O linguajar de seu relatório[1] ao rei é sucinto, impessoal; suas frases declarativas descrevem apenas o que havia de palpável em lugares, alimentos, pessoas, e mesmo essas são enunciadas com máximo rigor, pouquíssimas descrições e minúcias. Não existiam palavras para descrever a metamorfose extraordinária de sua alma – ao menos não para ele. Era um dos primeiros, e um dos primeiros a voltar para contar a história de europeus perdidos nas Américas; a exemplo de muitos deles, Cabeza de Vaca deixou de estar perdido não ao retornar, mas ao se tornar uma outra coisa.

....

1. A fonte da autora é a versão do relato de Cabeza de Vaca traduzido para o inglês e editado por Cyclone Covey, uma publicação da University of New Mexico Press, 1983.

Cabeza de Vaca e seus companheiros mergulharam na paisagem americana, mas nos séculos que se seguiram muitos nela entraram involuntariamente, na condição de cativos. Entre os que voltaram, alguns escreveram ou ditaram relatos de sua experiência, e esses se tornaram um gênero literário distintamente americano, a narrativa do cativeiro. Obviamente, as histórias daqueles que não voltaram nunca foram registradas: suas jornadas permanecem alheias à escrita, alheias à língua que eu falo, inseridas numa outra topografia narrativa.

No começo, em geral, esses desgarrados e cativos se sentiram longe de casa, distantes de seus desejos, mas então, em algum momento, numa inversão impressionante, passaram a estar em casa, e o que antes haviam anelado tornou-se remoto, alienígena, indesejado. Para alguns, talvez tenha chegado o momento em que perceberam que as antigas saudades se haviam transformado em pouco mais do que um hábito, e que eles não ansiavam mais voltar para casa, pois já estavam em casa havia um bom tempo; para outros, o sonho de se ver em casa deve ter-se apagado aos poucos entre as minúcias cada vez mais familiares do mundo que os cercava. Devem ter aprendido o ambiente como se fosse um idioma, e, certo dia, acordaram fluentes nele. De alguma maneira, para esses enjeitados, o longe virou o perto, e o perto, o longe. Não repudiaram o desconhecido, abraçaram-no, e, nesse processo, ele se tornou conhecido. No fim de uma década de andanças, Cabeza de Vaca não estava mais em harmonia com sua própria cultura, mas a mantivera como destino, um objetivo que o conservou determinado e em movimento, mesmo que a chegada tivesse sido um novo trauma. Muitos outros recusaram-se a voltar.

No meio do inverno de 1704, na cidadezinha de Deerfield, Massachusetts, na fronteira americana, Eunice Williams, sete anos de idade, foi capturada por um grupo de saqueadores franceses e indígenas, junto com todos os membros de sua família e muitos de seus vizinhos, 112 no total. Receberam mocassins para os pés e, em meio à neve, marcharam do norte de Massachusetts, passando por New Hampshire, até os arredores de Montreal. Alguns captores feridos e agonizantes e alguns cativos que não conseguiam manter o ritmo – particularmente crianças pequenas, mulheres que haviam parido recentemente, entre elas a mãe de Williams – foram mortos, e seus corpos, deixados na neve pelo caminho. Muitas crianças foram carregadas durante uma parte ou a totalidade do trajeto. Algumas dessas crianças cativas não eram apenas prisioneiras, mas candidatas a adoção: o irmão mais velho de Eunice, Stephen Williams, foi levado pelos abenaki e depois por um chefe pennacook, mas foi – segundo a expressão carregada de religiosidade – "redimido" ou resgatado na primavera de 1705. Eunice ficou com os iroqueses mohawks dos arredores de Montreal e nunca retornou.

Os iroqueses praticavam uma forma cerimonial de adoção na qual o cativo poderia substituir um membro falecido da família, e, em alguns casos, os cativos eram substitutos explícitos daqueles que morreram em batalha. O cativo ganhava um novo nome e era tratado como membro da família. Por vezes, o nome recebido pertencia a alguém que já havia morrido, e a pessoa recém-batizada herdava parte da afeição e da identidade do falecido. De maneira cerimoniosa e oficial, Eunice Williams se tornou outra pessoa. Em coisa de alguns anos, todos os sobreviventes de sua família voltariam às suas comunidades puritanas, mas as pessoas com quem ela vivia disseram que preferiam "se desfazer dos próprios corações"[2] a se separar da menina. Ela ficou, não demorou a esquecer sua língua materna, ganhou um novo nome, mais tarde um nome de batismo católico (tornar-se católica quase escandalizou mais

2. Esta e outras citações são de John Demos, *The Unredeemed Captive*, 1994.

seu pai, um pregador puritano, do que se ter tornado indígena) e, por fim, um segundo nome iroquês.

Em 1713, já no fim da adolescência, ela se casou com um membro da comunidade de nome François Xavier Arosen, com quem ficaria até ele morrer 52 anos mais tarde. Seu irmão Stephen escreveria no próprio diário, em 1722, que vira um homem recém-chegado do Canadá. "Traz más notícias de lá. Minha pobre irmã vive com o marido índio; tem dois filhos, um ainda vivo, o outro, não." A família Williams nunca deixou de prantear a perda da menina nem de também considerá-la espiritualmente perdida. Mas Eunice Williams deixara de ser cativa tempos atrás. Acabou encontrando Stephen e outros irmãos em 1740, foi com eles para casa e chegou a frequentar "o culto" com os parentes. "E, contudo, [poderia] ser esse o penhor de que ela ainda talvez [voltasse] à casa e aos ritos de Deus dos quais [havia] tempos [estava] apartada", se bem que, segundo a tradição, ela se teria recusado a "tirar as mantas índias" e acampado na pradaria com o marido, em vez de se acomodar na casa de um parente. Ela negociava com todo cuidado seu distanciamento emocional e cultural – nas condições impostas por ela, e não por eles. Em algumas outras ocasiões, ela voltaria a visitar sua família de sangue, mas nunca deixaria a comunidade que a levara cativa, e nela morreria aos 95 anos de idade.

A família de Williams sempre se referia a ela como se tivesse passado a um outro mundo fora do alcance, mas o impressionante é que, mesmo no século XVIII, os limites já eram indistintos. Os mohawks entre os quais ela vivia tinham laços muito próximos com os jesuítas de Montreal, e a mobilidade entre as diversas comunidades francesas, inglesas e indígenas era considerável. Mas eram diferentes o bastante. Ela não falava mais a língua de seus parentes consanguíneos, passou mais de três décadas sem vê-los e vivia entre um povo com crenças e práticas profundamente diferentes daquelas dos puritanos. John Demos, em seu livro a respeito de Williams, *The Unredeemed Captive* [A cativa não redimida], sugere que os iroqueses eram mais gentis com as crianças e, para os brancos, a coisa mais difícil de aceitar ou imaginar talvez fosse que alguns cativos preferiam a cultura indígena. Em retrospecto, a cultura dos espanhóis de Cabeza de Vaca e a da família de Eunice Williams parecem, se não menos remotas, mais proibitivas que as culturas indígenas entre as quais essas pessoas passaram a viver. Há nelas algo obstinado, obsessivo, inflexível, duro e rígido como a armadura dos conquistadores, enfadonho como a teologia puritana.

Um pouco disso fica evidente no fato de Stephen Williams ainda considerá-la mera tragédia, uma cativa, uma pessoa que esperava retornar, recusando-se a entender que ela se havia tornado outra pessoa. A palavra *perdido* nesse contexto apresenta muitas nuances. O cativo, a princípio, está literalmente perdido, foi levado para uma *terra incognita*. E, a menos que seja redimido, o cativo – ou mais frequentemente a cativa – continuará perdido para as pessoas que ficaram e, sendo assim, a linguagem da perda costuma ser usada para descrever a pessoa como perdida da mesma maneira que se perde um pertence – o guarda-chuva perdido, as chaves perdidas –, sem reconhecer que ele, ou mais frequentemente ela, pode muito bem ter deixado de ser cativo ou de estar perdido. Mas a palavra *perdido* tem implicações espirituais, como no verso do hino do mercador penitente, "I once was lost but now am found"[3] – já estive perdido, mas fui encontrado. Era comum imaginar que a pessoa levada pelos pagãos estava espiritualmente perdida, apartada da cristandade e da civilização. Portanto, fosse

3. "Amazing Grace", hino composto em 1772 por John Newton, poeta e clérigo anglicano que foi outrora traficante de escravos. [N. T.]

qual fosse a condição do ex-cativo, as pessoas o imaginariam perdido de vez. Mas ele ou ela nem sempre se via assim, e parece que, em certo sentido, os cativos tinham de perder seu passado para tomarem parte no presente, e esse abandono da memória, dos antigos laços é o custo exorbitante da adaptação.

Mary Jemison, capturada junto com a família na Pensilvânia em 1758, contou sua história a um escriba[4], e, portanto, sua voz sobreviveu, diferente da voz de Williams. A fazenda de seu pai na fronteira americana foi atacada quando ela tinha uns quinze anos. Um índio de chicote em punho os acompanhava, obrigando as crianças a manterem o ritmo. Tiveram de marchar, ficaram sem comida ou água durante dias, então foram levados para "a orla de um pântano escuro e funesto". Ali ela e um garotinho receberam mocassins, sinal de que a jornada continuaria, ao passo que os outros cativos, entre eles seus pais e irmãos, foram mortos "e destroçados da maneira mais terrível". Assim como Eunice Williams, ela foi adotada. Devia substituir um irmão que havia morrido, e as duas mulheres senecas para quem a entregaram – "mulheres bondosas e gentis, de disposição pacata e compassiva" – seriam sempre tratadas por ela como irmãs desde então. O trauma do cativeiro, do assassinato dos familiares, de uma vida nova e inesperada no seio de uma outra cultura, de um outro idioma, deve ter sido considerável, mas adaptar-se a tudo isso era uma questão de sobrevivência, e essas crianças cativas sobreviveram e vicejaram em suas novas vidas. A ruptura deve ter sido tão repentina e violenta quanto o nascimento.

Mais de um ano depois, as senecas com quem ela vivia levaram-na para fazer uma visita a Fort Pitt (a futura Pittsburgh), onde os brancos se interessaram tanto pela jovem que suas ir-

4. Frances Roe Kestler (org.), *The Indian Captivity Narrative: A Woman's View*, 1990.

mãs "correram [com ela] para a canoa e voltaram a cruzar o rio", remando sem parar durante a longa jornada de volta para casa.

> Ver pessoas brancas que falavam minha língua materna inspirou em mim uma ansiedade indizível de ir para casa com elas e compartilhar as bênçãos da civilização. Minha partida repentina e a fuga pareceram-me um segundo cativeiro e, durante muito tempo, cismei pensando em minha situação infeliz quase com o mesmo pesar e abatimento com que refleti sobre meu sofrimento no começo. O tempo, destruidor de todos os males, apagou meus sentimentos desagradáveis e fiquei contente como antes. Passamos o verão cuidando de nossos milharais [...].

Ela se casou, teve um filho, perdeu um marido e, àquela altura, já se sentia em casa entre os senecas.

A possibilidade de voltar à comunidade dos brancos ressurgiu quando um holandês começou a persegui-la para tentar capturá-la e trocá-la por uma recompensa. Jemison decidiu não se deixar capturar novamente e correu "com toda a rapidez da qual era senhora" para um esconderijo. Inspirando-se no holandês, um líder seneca cogitou entregá-la ele mesmo em troca da recompensa, e ela voltou a se esconder no mato com o filho pequeno. Estava desesperada para permanecer no lugar de onde ela um dia desejara sair. Voltou a se casar, teve mais seis filhos e acabaria proprietária de um vasto pedaço de chão, "em virtude de uma escritura dos Chefes das Seis Nações", no qual moraria pelo resto de sua longa vida. Essa vida que, em sua autobiografia filtrada pela pena do escriba, ela chamaria de "um *pot-pourri* trágico que espero jamais se repita". Mas era da morte de seus filhos e do desacordo entre eles que ela falava: seus aborrecimentos haviam-se tornado todos pessoais, e a própria terra onde ela vivia era um ponto de encontro das duas culturas, pois ela a arrendava aos agricultores brancos.

Para esses cativos do leste, as fronteiras entre as culturas começaram a ficar indistintas com a sobreposição das geografias. Para Cynthia Ann Parker, essa indistinção nunca ocorreu. Em 1836, quando tinha nove anos, ela e os familiares foram capturados por comanches nas planícies do Texas que eles haviam colonizado (ou invadido) recentemente. O resto da família foi massacrado. Ela foi a única a sobreviver, casou-se com um membro eminente de sua nova comunidade, Peta Nocona, e deu à luz dois meninos e uma menina. Um quarto de século depois, houve uma outra batalha, dessa vez iniciada por homens brancos, e ela foi capturada sobre o lombo de um cavalo com a filha caçula nos braços. Levaram-na a acreditar que o marido morrera em batalha, mas parece que foi um equívoco. Mesmo assim, ela não voltou a ver o marido nem os dois meninos. Um tio em Fort Worth pediu para ficar com ela e a manteve cativa, trancada durante a noite para que não fugisse com a filha. Não reaprenderia adequadamente seu idioma materno durante a década que viveria na cultura que já fora a dela, mas não mais. Um homem que a conheceu lembrava-se de que ela

> [...] tinha um ar desvairado e baixava os olhos quando as pessoas olhavam para ela. Sabia usar o machado tão bem quanto qualquer homem e não gostava de gente preguiçosa. Era perita em curtir o couro com pelagem e tudo, em trançar ou entrelaçar cordas ou chicotes. Pensava que seus filhos estivessem perdidos na pradaria. Isso a desagradava muito.[5]

Os brancos sempre a consideraram resgatada, mas parece que ela se via como prisioneira. A filha morreu, e, dez anos após sua captura, Parker, enfraquecida pela fome autoimpos-

5. Margaret Schmidt Hacker, *Cynthia Ann Parker, the Life and the Legend*, 1990.

ta, morreu de gripe. Não voltara a ver os filhos, mas um deles veio reclamar seus restos quarenta anos depois de sua morte e voltou a sepultá-la no mundo dele.

Existem histórias não tão medonhas, como a de Thomas Jefferson Mayfield, cuja família se mudou do Texas para a Califórnia na década de 1840[6]. Estabeleceram-se no vale de San Joaquin, onde eram abastecidos com peixes, carne de caça e pão de bolota pelos vizinhos indígenas. Quando a mãe de Mayfield morreu, seu pai, sentindo-se incapaz de cuidar do menino e ainda manter o negócio itinerante, deixou que o garoto partisse com os yokut choinumne. Depois de todas as narrativas de cativeiro nas quais o contato começa com uma batalha masculina e depois do mergulho violento de Cabeza de Vaca no desconhecido, surpreendente é a suavidade da transição de Mayfield de uma cultura para outra. As yokut eram substitutas maternas, apesar de nenhuma mulher específica tê-lo adotado: todas tomavam conta do menino, e parece que ele andava com um bando de crianças. Durante uma década, seu lar foi essa gente, e chegou a ficar três anos sem ver o pai. Por fim, com o irromper da Guerra Civil, e os yokut cada vez mais acuados pelos colonos brancos, ele voltou à cultura na qual tinha nascido. Suas memórias, de certo modo, marcam o fim da narrativa de cativeiro como gênero (mesmo que o resto do século XIX ainda produzisse outros cativos), pois as nações indígenas estavam deixando de ser livres em suas próprias terras; elas mesmas estavam-se tornando cativas no seio da cultura dominante que se disseminava, e poucas encontraram uma recepção tão cordial quanto a que aquelas crianças tiveram. Não eram mais os indivíduos, e sim culturas inteiras

6. Segundo relato do próprio Mayfield, publicado pela Heyday Books e California Historical Society com o título de *Indian Summer: Traditional Life among the Choinumne Idians of California's San Joaquin Valley*, com apresentação de Malcolm Margolin.

que eram levadas a colidir abruptamente com a diferença, percorrendo a distância entre o perto e o longe.

Lendo essas histórias, é tentador pensar que as artes a aprender são rastrear, caçar, orientar-se, habilidades de sobrevivência e fuga. Mesmo no mundo corriqueiro de hoje, a ansiedade de sobreviver se manifesta nos carros e nas roupas para ocasiões muito mais escabrosas do que as que se apresentam, como se para expressar um pouco da dureza das coisas e da disposição para enfrentá-las. Mas as verdadeiras dificuldades, as artes reais da sobrevivência, parecem habitar reinos mais sutis. Ali, o que se pede é uma espécie de resiliência da psique, uma disposição de lidar com o que está por vir. Esses cativos expõem de maneira crua e dramática o que acontece na vida de todos: as transições por meio das quais a gente deixa de ser o que era. Raras vezes é algo tão dramático, mas um pouco dessa jornada entre o perto e o longe acontece na vida de todo mundo. Por vezes uma fotografia antiga, uma velha amiga, uma carta de tempos atrás nos lembra de que não somos quem já fomos um dia, pois a pessoa que lá vivia, que valorizava isto, escolhia aquilo, escrevia assim, essa pessoa não existe mais. Sem percebermos, percorremos uma grande distância: o estranho se tornou conhecido, e o conhecido, se não estranho, no mínimo inadequado ou incômodo, uma peça de roupa que não nos serve mais. E algumas pessoas vão mais longe que outras. São as que recebem como direito inato uma noção de identidade adequada, ou ao menos inconteste, e aquelas que se dispõem a se reinventar em nome da sobrevivência ou da satisfação, aquelas que vão longe. Alguns herdam valores e práticas como se fossem a casa que habitam; outros se veem obrigados a reduzir essa casa a cinzas, a procurar os próprios alicerces, construir tudo do zero, mesmo como metamorfose psicológica. Na condição de metamorfose cultural, a transição é muito mais dramática.

As pessoas arremessadas em outras culturas sofrem um pouco com a angústia da borboleta, cujo corpo precisa desintegrar-se e refazer-se mais de uma vez no decorrer de seu ciclo de vida. Em seu romance *Regeneration*, Pat Barker escreve a respeito de um médico que

> [...] sabia muito bem com que frequência os primeiros estágios da mudança ou da cura podiam arremedar a deterioração. Se abrir uma crisálida, você vai encontrar uma lagarta podre. O que não vai encontrar é a tal criatura mítica, meio lagarta, meio borboleta, um símbolo apropriado da alma humana, para aqueles que têm essa mentalidade de buscar símbolos desse tipo. Não, o processo de transformação é quase inteiramente decomposição.[7]

Mas a borboleta é um símbolo tão apropriado para a alma humana que seu nome em grego é *psykhê*, a mesma palavra para alma. A linguagem não dá conta de perceber essa fase de decomposição, esse retraimento, essa era de desfechos que deve preceder os começos. Nem a violência da metamorfose, da qual se costuma falar como se fosse tão graciosa quanto o desabrochar de uma flor.

Escrevo isto, mas certo dia, com uma hora livre para matar entre uma conversa e uma obrigação, fui à antiga Estufa de Flores perto da minha casa, recém-restaurada e reinaugurada. Fazia nove anos que eu não visitava o lugar, pois fora destruído por uma grande nevasca. Pensei que estava indo lá para observar as folhas escuras e reluzentes, grandes feito mapas, as trepadeiras, os musgos e as orquídeas, e respirar o ar úmido, a magnificência vaporosa de que eu me lembrava. Mas a ala oeste da enorme estufa, com suas vidraças cor de leite, havia-se transformado num borboletário e, bem no meio desse recinto,

7. Pat Barker, *Regeneration*, 1992.

ficava uma incubadora, um painel de vidro alguns centímetros à frente de uma tábua, ou melhor, uma série de prateleiras pouco profundas, à qual encontravam-se fixadas pelotões de futuras borboletas, organizadas segundo a espécie. As crisálidas haviam tomado a forma das borboletas que continham, e algumas delas balançavam como se agitadas por uma brisa lânguida, embora as crisálidas adjacentes estivessem imóveis. Quatro borboletas emergiram enquanto eu observava, e outras sete teriam deixado os casulos quando eu retornasse um outro dia.

Saíram com as asas comprimidas feito um paraquedas dobrado, feito cartas amarrotadas. Mesmo ao emergirem, parecia incrível que suas asas largas tivessem ocupado um espaço tão pequeno. Ao saírem do casulo, seus corpos ficaram visíveis como nunca mais voltariam a ficar, depois que as asas se expandissem e passassem a predominar, e durante aqueles momentos elas tinham cara de insetos, e não do que viriam a ser quando se tornassem só um par de asas de cores vivas, uma espécie de prima animada das flores. Seus corpos ainda estavam inchados, cheios do líquido que teriam de bombear para aquelas asas nos primeiros minutos depois de deixarem a crisálida, para transformá-las nas lâminas lisas com as quais as borboletas voavam. Cada uma delas se agarrava à sua própria crisálida enquanto as asas se desdobravam em estágios quase imperceptíveis. Algumas não se conseguiram libertar totalmente, e suas asas nunca ficaram de todo lisas. Uma borboleta estava imóvel, com uma asa de cor laranja enrolada dentro do casulo. Outra parecia permanentemente empacada a meio caminho de sair, e suas asas em preto e amarelo eram como botões que jamais desabrochariam. Outra ainda se debatia em frenesi, tentando arrastar-se para fora com o apoio de uma crisálida fechada logo ao lado, até que esta também começou a se agitar, um pânico contagioso. A borboleta, enfim, caiu livre no chão, mas talvez fosse tarde demais para suas asas. O processo de transformação consiste basicamente de decomposição e, em seguida, dessa crise na qual emergir daquilo que veio antes deve ser algo total e abrupto.

Mas as mudanças na vida de uma borboleta nem sempre são tão dramáticas. A estranha e sonora palavra "*instar*" – que no meu idioma soa como "estrela de dentro" – descreve o estágio entre duas mudas, pois, à medida que cresce, a lagarta, como a serpente, como Cabeza de Vaca atravessando a pé o Sudoeste norte-americano, rompe sua pele várias vezes, e cada estágio é um instar. Continua a ser lagarta no decorrer de todas essas mudas, mas não com a mesma pele. Existem ritos para marcar essas rupturas, formaturas, doutrinações, cerimônias de mudança, embora a maioria das mudanças prossiga sem um reconhecimento tão claro e encorajador. "*Instar*" implica tanto firmamento quanto crescimento para dentro, algo tanto celestial quanto catastrófico, e talvez a mudança seja normalmente assim, uma estrela enterrada, oscilando entre o perto e o longe.

Abandono

A coisa mais bonita no hospital abandonado era a pintura descascada. O lugar fora pintado e repintado em tons pastéis, e, anos de abandono depois, essas demãos escamavam em losangos e rolinhos com uma cor diferente em cada face. As escamas se agarravam às paredes feito a casca de uma goiabeira e se amontoavam no chão feito folhas caídas. Lembro-me de andar por um corredor comprido e iluminado apenas pela luz que entrava pelos vãos de portas distantes. Ali a pintura pendia do teto e das paredes em hóstias imensas, e minha passagem perturbava o suficiente o ar para que algumas delas se soltassem e flutuassem até o chão no meu encalço. O filme que lá gravamos era granulado demais para mostrar esses pormenores delicados, mas eu me lembro de um trecho no qual eu vinha por um desses corredores, e os raios de luz atrás de mim flanqueavam com tamanha intensidade o meu pescoço que minha cabeça às vezes parecia destacar-se do resto do corpo e pairar acima dele. Eu me tornara o espectro que assombrava o lugar.

Isso se deu quando eu tinha vinte anos, meia vida atrás, e um garoto da minha idade me fez a proposta mais democrática e cortês que eu já recebera: será que eu gostaria de fazer um filme com ele no hospital em ruínas perto da minha casa em São Francisco? Eu gostaria, sim, e o fizemos, e numa tranquilidade assombrosa passamos juntos os seis anos seguintes, e continuamos íntimos durante alguns anos depois disso. Ele era um desses prodígios dotados de talentos que não aparecem nos testes, um gênio mecânico-visual-espacial de poucas letras e mais interessado na resolução de problemas, como os engenheiros, do que na autoexpressão e nos significados. Roteiros e enredos não eram a praia do rapaz, e, por isso, costurei ideias suficientes para que pudéssemos filmar o hospital com sua Super-8 e um suprimento de película em preto e branco - produto já raro na época - que ele havia arranjado. Era o começo da década de 1980 e, em retrospecto, hoje vejo que essa década foi uma espécie de idade dourada das ruínas.

Como estávamos chegando à vida adulta no auge do *punk*, era nítido que vivíamos o fim de alguma coisa: do modernismo, do sonho americano, da economia industrial, de um certo tipo de urbanismo. Os indícios estavam em toda parte nas ruínas das cidades. O Bronx e mesmo alguns bairros de Manhattan - cada um de seus quarteirões e quilômetros - eram uma ruína só, conjuntos habitacionais em todo o país encontravam-se em estado de decomposição, muitos terminais de carga portuários que tinham sido cruciais para as economias de São Francisco e Nova York foram abandonados, bem como o grande pátio ferroviário da Southern Pacific em São Francisco e suas duas cervejarias de maior visibilidade. Terrenos baldios eram os dentes perdidos que davam às ruas que frequentávamos um sorriso agreste. A ruína era onipresente, pois as cidades haviam sido abandonadas pelos ricos, pela política, por uma visão do futuro. As ruínas urbanas foram os lugares emblemáticos daquela era, os lugares que propiciaram ao *punk* uma parte de sua estética; e, à semelhança da maioria das estéticas, essa também continha uma ética, uma visão de mundo com autoridade suficiente para nos ensinar a agir e viver.

O que, afinal, é uma ruína? É uma construção humana abandonada à mercê da natureza, e um dos fascínios das ruínas urbanas é o da imensidão selvagem: um lugar tomado pela promessa do desconhecido com todas as suas epifanias e seus perigos. As cidades são construídas por homens (e, em menor grau, por mulheres), mas se deterioram pelas mãos da natureza, desde terremotos e furacões aos processos graduais da decomposição, erosão, ferrugem, a corrosão microbiológica de concreto, pedra, madeira e tijolo, o retorno de plantas e animais que, criando seu próprio ordenamento complexo, desmantelam a ordem simples dos homens. Permite-se que essa natureza assuma o controle quando, por razões econômicas ou políticas, suprime-se a manutenção. Também criam ruínas o vandalismo, os incêndios criminosos e a guerra na qual os seres humanos se esbaldam. Cidades na Europa e no Sul dos Estados Unidos foram conscientemente arruinadas pela guerra, mas o Norte e o Oeste do meu país se deixaram arruinar somente por outros motivos. As ruínas eram a morada simbólica de uma parte considerável da arte daquela época, alguma coisa da fotografia e da pintura, a música quase toda, os filmes de ficção científica de então, até mesmo os cenários dos videoclipes de *rock* e das fotografias de moda, panos de fundo para roupas que pareciam antigas, surradas, matéria para combates e teias de aranha. Eram as paisagens do abandono, o abandono da negligência e da violência que vieram primeiro e o abandono da paixão que se mudou para as ruínas.

Constrói-se uma cidade para que ela se assemelhe à mente consciente, uma rede capaz de calcular, administrar, manufaturar. As ruínas se tornam o inconsciente de uma cidade, sua memória, o desconhecido, a escuridão, mundos perdidos, e nessa condição lhe dão vida de fato. Com as ruínas, a cidade se desvencilha de seu projeto e se torna algo intricado como a vida, algo que se pode explorar, mas talvez não mapear. É a mesma transmutação de que se fala nos contos de fadas quando estátuas, brinquedos e animais se tornam humanos, só que eles ganham vida, ao passo que, com a ruína, a cidade ganha morte, mas uma morte generativa como o cadáver que nutre as flores. A ruína urbana é um lugar que ficou de fora da vida econômica da cidade e é, de certo modo, o lar ideal para a arte que também fica de fora da produção e do consumo costumeiros da cidade.

O *punk rock* irrompera em minha vida com a força da revelação, embora hoje eu não possa chamar essa revelação de algo mais do que um ritmo e uma veemência insurrecional que fazia jus à pressão explosiva na minha psique. Eu tinha quinze anos e, quando me imagino naquela época, vejo labaredas galgando o céu, vejo-me despencando da beirada do mundo, e me espanto por ter sobrevivido não ao mundo exterior, mas ao interior. Antes e depois, as paisagens rurais e agrestes eram e seriam os lugares que mais repercutiam em mim, mas, naquela década que começara comigo descobrindo o *punk*, eram as cidades. O social que tantas vezes chamei de a mortadela entre as duas fatias de pão que eram o físico e o espiritual, mas essa é a forma mais redutivista do social, e ela define a possibilidade humana em termos limitados e previsíveis. O *punk*, com a poga, a chapação geral, os mergulhos de cima do palco, as caixas de som que faziam vibrar os ossos de quem se colocava diante delas, com sua indignação política e o impulso para incitar e expressar estados extremos, revoltava-se coletivamente contra o social. Assim como as ruínas, o social pode virar uma imensidão selvagem na qual a alma também se asselvaja, partindo em demanda no além do ser, no além da imaginação. E existe um tipo específico de selvageria, vinculado ao erotismo, à inebriação e à trangressão, que se localiza mais facilmente nas cidades, e não nas imensidões selvagens. Também tem seu devido tempo, o tempo da juventude, o tempo da noite.

Hoje me intrigam Deméter e Perséfone. Talvez Perséfone tenha fugido de bom grado com o rei da morte para seu reino subterrâneo, talvez fosse essa a única maneira de ela se livrar da mãe, talvez Deméter fosse uma péssima mãe da mesma maneira que Lear era um péssimo pai, negando o que é da natureza, inclusive que é da natureza dos filhos deixarem os pais. Talvez Perséfone pensasse que Hades era o homem mais velho e infinitamente interessante que detinha o conhecimento que ela buscava, talvez ela adorasse o escuro, os seis meses de inverno, o sabor azedo das romãs, ver-se livre da mãe, talvez ela soubesse que, para alguém estar realmente vivo, a morte precisa ser parte do panorama tanto quanto o inverno. Foi como rainha do inferno que ela se tornou adulta e chegou ao poder. O reino de Hades é chamado de submundo, assim como os domínios urbanos de tudo que se encontra fora da lei. E, como nos mitos de criação dos hopi, nos quais humanos e outros seres surgem do subterrâneo, é também do subterrâneo que a cultura surge nesta civilização.

Em cidadezinhas idílicas, por vezes vejo adolescentes que parecem deslocados em seus trajes de desespero, os farrapos, as manchas e os rasgos que sobraram da moda da minha juventude. Para essa fase de suas vidas, o submundo é seu verdadeiro lar, e, na área dilapidada, escondida e vulnerável de uma cidade, eles talvez encontrem algo que se aproxima disso. Mesmo o relógio interno dos adolescentes muda, transformando-os em criaturas noturnas durante alguns anos, no mínimo. Durante a infância toda, aproximamo-nos da vida, e então, na adolescência, no ápice da vida, começamos a nos aproximar da morte. Essa fatalidade é percebida como uma dilatação a ser acolhida e abraçada, pois o jovem nesta cultura entra na vida adulta como se entrasse numa prisão, e a morte o tranquiliza de que as saídas existem. "Me enamorei, de meio-amor, da Morte calma", disse Keats, que morreu aos 26 anos, e enamorados também estávamos nós, mas a morte pela qual nos apaixonáramos era então apenas uma ideia.

O título que dei ao nosso filme no hospital abandonado foi *Cura para o viver*. Não muito antes de começarmos, sonhei que eu era uma dentre muitas mulheres numa longa fileira de camas baixas dentro de um cômodo vasto, desolado, de teto alto, mais semelhante a uma estação de trem que a um quarto. Era um bordel militar. Creio que a premissa deve ter sido instigada em parte pela banda Joy Division, pioneira numa espécie de nênia melancólica no estilo musical que viria a ser chamado de industrial, mas que só lançara alguns álbuns antes de seu letrista e vocalista, Ian Curtis, se enforcar. "Divisão da alegria" era como os nazistas chamavam um bordel militar formado por escravas sexuais. No meu sonho, o trabalho sexual não ficou explícito. A única coisa foi que, enquanto eu estava naquela longa fila, um homem veio até mim e me entregou um pequeno penhor. Com aquele presente ofertado de livre e espontânea vontade, entendi que eu era livre para escapar, como se uma equação simples se tivesse montado, como se por possuir aquele objeto eu me tivesse distinguido das outras mulheres, como se, porque se fizera uma escolha, outras escolhas poderiam ocorrer. Naquele sonho, eu me levantava e partia, e o filme deveria narrar essa fuga.

Nunca filmamos a cena no bordel, mas chegamos de fato a criar o penhor, uma fita que ele inscreveu, e eu bordei com um provérbio absurdista extraído de um romance que minha tia me dera de presente alguns aniversários antes, *Fogo pálido*, de Vladimir Nabokov. Dizia: "A luva perdida é feliz". Talvez o filme fosse um presente que o cineasta me dava, um estímulo para redigir minha própria fuga, e o filme também era uma fita tão longa quanto o fio com que Teseu marcou o caminho para sair do labirinto de Creta. O hospital tomava um quarteirão inteiro e tinha cinco andares de corredores e aposentos. Era cingido por uma daquelas cercas de ferro que parecem uma fileira de lanças unidas e que nós tínhamos de galgar antes de entrar por uma das janelas do porão quebradas por invasores e exploradores, cujos rastros encontrávamos de quando em quando. Sua vastidão intricada me fazia lembrar de todos aqueles contos de Borges a respeito de labirintos e bibliotecas intermináveis, e parte da premissa do meu enredo era a de que as pessoas achavam que o hospital era infinito, um interior sem exterior. Era uma metáfora para um mal existencial e um pretexto para nossa heroína – eu numa velha camisola branca – andar sem parar por aqueles corredores decrépitos e de iluminação poeirenta para o nosso filme. E tratava-se de uma era de perseguições cinematográficas nas ruínas e na sordidez das cidades: *Mad Max 2: a caçada continua*, *O exterminador do futuro* e *Blade Runner: o caçador de androides* saíram todos por volta dessa época.

Um dos grandes momentos da minha fuga que chegamos a filmar era meu rapto por um médico insano. O médico acreditava que a alma se situava fisicamente em algum ponto do corpo humano, e, em busca desse local, ele vivia fazendo cirurgias exploratórias e fatais. Escrevi para ele um monólogo longo e bombástico que poderia ser gravado e integrado sem muita cerimônia ao filme mudo, graças ao fato de que o médico usava máscara de cirurgião. Tomáramos o personagem emprestado em parte de um romance de Djuna Barnes, *No bosque da noite*, outro presente daquela mesma tia, e, embora *No bosque da noite* nunca tivesse pertencido ao *corpus* literário da adolescência, em sua descrição da angústia erótica e de estados extremos bem que poderia tê-lo. Eu tinha em mente o gárrulo doutor Matthew O'Connor, o travesti que morava num sótão e que, em resposta a uma protagonista de coração partido, discursa sobre o amor e a noite pela duração de um capítulo inteiro em frases mais emperoladas que as do resto do livro.

O cineasta e eu descobriríamos como e onde aplicarmos nossas habilidades nos anos que se seguiriam, mas o filme foi só um pretexto para nos demorarmos com alguma noção de propósito naqueles espaços de primorosa decrepitude. Havia um necrotério com gavetões enferrujados e do tamanho de corpos, uma sala de operações com uma passarela azulejada para que se observasse tudo lá do alto, e rampas para as macas, pilhas de registros médicos antigos que nos informavam sobre as enfermidades e os tratamentos de pessoas que havia tempos não estavam mais entre nós, e estranhos aparelhos enferrujados; mas, acima de tudo, havia a luz filtrada pelo vidro coberto de poeira e que entrava obliquamente nas salas e nos corredores abandonados. Utilizamos vários amigos no filme, a maioria tão amadora quanto nós dois. Somente uma de nós era realmente artista: Marine. Ela aparecia numa vinheta tocando violoncelo e agachada em cima da armação de ferro de uma cama coberta de partituras, e de toda aquela música ela tirava o mapa que me levaria para fora do hospital infinito e inventado por mim, um mapa desenhado pelo cineasta.

Da última vez que vi Marine, naquela noite de verão em que saímos para dançar e fizemos tantos planos, nós conversamos sobre a primeira vez que nos víramos. Tinha sido uns sete anos ou mais antes disso, quando ela tinha quase dezessete, e eu ainda não fizera exatamente 21, alguns meses antes do tal filme. Eu a vi primeiro, seguindo a pé na direção da garagem suburbana onde sua banda ensaiaria naquela tarde de primavera, com sua jaqueta de couro cinzenta, o baixo numa das mãos, parecendo de longe mais velha e mais segura do que nunca. Ela e sua sucessão de baixos sempre pareciam fora de proporção entre si, e o fato de ela controlar algo tão imponente nos parecia um feito tão grandioso quanto, por exemplo, as meninas acrobatas em cima de seus cavalos de dorso largo lá no circo. Os dedos de Marine eram como velas de aniversário, e ela tinha orgulho de seus calos e de tocar até que eles sangrassem. Ela passara do violoncelo para o baixo elétrico, e, portanto, instrumentos de tamanho fora do comum não eram novidade para Marine. Ela costumava sonhar – disse-me numa das primeiras vezes que nos reunimos depois daquele dia na garagem – que seu violoncelo era o barco a remo que ela usava para se afastar da família. Não percebi na época como o violoncelo continuaria a figurar em sua vida, como a mãe violinista convencia Marine a tocar a seu lado nos cultos da igreja todo domingo, apesar de certa vez eu ter ido ver Marine, a mãe dela e seu orgulhoso amigo traficante de cocaína tocar durante a Missa do Galo na igreja católica que eu costumava rondar quando menina, anseando por rito e pertencimento.

Três coisas a definem para mim: sua beleza, seu talento e seu temperamento volúvel – uma atitude arredia e natural que era o tormento de quem queria possuí-la e, para mim, significava surpresas constantes e a incapacidade de acompanhá-la. Marine era uma moleca delicada, provocante e pálida, com a pele macia e perfeita das crianças, olhos escuros e fogosos, descritos com mais propriedade como longos, e não grandes. Lembro-me de um olhar furtivo que ela tinha, o olhar de um animal acuado, e de como ela estava elegante naquela última noite. As pessoas queriam capturá-la, como se fosse um bichinho selvagem, e tomar conta dela, como se fosse uma criança. É comum se falar da beleza como se incitasse apenas a lascívia ou a admiração, mas as pessoas mais belas o são de uma maneira que as faz parecer semelhantes ao destino, à sorte ou ao propósito, os heróis de uma história fora do comum. Desejá-las é, em parte, desejar um destino nobre, e a beleza pode parecer uma espécie de porta que se abre em igual medida para o propósito e o prazer. E, no entanto, essas pessoas muitas vezes nada têm de extraordinário, a não ser o efeito que causam nos outros. A beleza e o encanto excepcionais estão entre os presentes que a fada sinistra concede ao se batizar a criança. Dão à portadora um poder considerável sobre outras pessoas, o que pode mantê-la tão ocupada bancando uma espécie de sereia ali nos rochedos que causam naufrágios, que ela acaba esquecendo que precisa descobrir para onde está indo. Uma das qualidades de Marine era a de viver numa história na qual talvez quiséssemos viver também. Mas, além da beleza, ela tinha habilidade, dedicação e ousadia.

Nos primeiros anos desde que nos conhecemos, fomos amigas íntimas que frequentavam rodas semelhantes, e ela chegou a morar comigo durante alguns meses depois de deixar a casa de um traficante de metanfetamina que ficava logo ali, virando a esquina. Então ela começou a divagar cada vez mais longe, e eu me deixei absorver por outras áreas. Já que eu não saí do lugar do começo ao fim disso tudo, era sempre ela quem entrava em contato, com um novo número de telefone, ou a notícia de que fora morar com a mãe e a avó depois de mais uma "república" ou um emprego dar com os burros n'água. Mas, daquela última vez, fui bater à porta do apartamento da família dela numa veneta, peguei-a voltando de uma reunião na qual assinara um contrato de gravação em Los Angeles e colocamos o papo em dia. Era o começo de maio. Nas semanas seguintes, conversaríamos com regularidade. Em junho, Marine decidiu que queria sair comigo num sábado à noite, então fomos a um rolê no qual nos admiramos mutuamente, requentamos o passado e fizemos vários planos para o futuro.

Para mim, Marine tinha o *glamour* de um mundo turbulento do qual nunca fiz de fato parte, o encanto de um talento absolutamente alienígena. Escrever é a arte mais incorpórea, e ler e escrever são experiências em grande medida particulares e solitárias, portanto a música e a dança sempre me encantaram como artes nas quais o corpo do artista se comunica diretamente com a plateia, consolidando uma espécie de comunhão que os escritores raras vezes vivenciam. A música por vezes tem palavras, e o *rock* tinha palavras que por vezes aspiravam à poesia, mas as palavras eram sempre e antes de tudo sons que se dirigiam primeiro ao corpo, depois à mente. Marine estava interessada demais em ser musicista para se tornar uma verdadeira roqueira *punk* de três acordes apenas, então ela tendia para os domínios mais vistosos e menos ideológicos do *rock and roll* propriamente dito. Tinha um conhecimento surpreendente sobre fatos culturais obscuros, não só da música clássica, que era parte da vida de sua família desde que um seu bisavô andara com grandes compositores. De repente ela descrevia a barba de alguém como igualzinha à de De Sade, empregava um termo obscuro, tecia um comentário sarcástico a respeito do período barroco ou das tentações de santo Antão. Lembro-me de como ela se deliciava com o profusamente ilustrado guia Audubon de insetos que ela havia adquirido em Santa Mônica, e de seu fascínio pelas espécies exóticas que rastejavam naquela encruzilhada global do subtrópico.

Quem sabe, em vez de descrevê-la como três características, eu pudesse descrevê-la como três lugares: os subúrbios que nos moldaram, que desdenhávamos e dos quais fugíramos, a noite urbana que ela havia transformado numa espécie de lar, e o mundo pastoral de uma cultura europeia lírica e, talvez, o das colinas que ficavam logo depois dos quintais de nossa infância. Não conheceu o pai, um músico com quem a mãe teve um caso enquanto estudava num conservatório europeu, e deram-lhe o nome da concubina de um compositor. A mãe era muito jovem quando a menina nasceu, e, depois disso, as duas passaram com os avós de Marine a maior parte de sua vida. E, assim, ela cresceu com uma mãe que não havia exatamente saído de casa e avós cujo talento musical havia estiolado, dando lugar à reclusão e ao queixume, com três pessoas que aparentemente não trabalhavam e não sabiam bem o que fazer com uma criança. Os gritos da avó costumavam tomar a casa quando eu a visitava – "a desbocada", Marine a chamava, e "as megeras domésticas entoando um coro de Verdi". A gritaria não se aplacava, uma ladainha de perigos, traições e lembretes ferozes de que Marine tinha hora para voltar para casa ou precisava se agasalhar, um brado interminável sobre a barbárie das jovens e a indocilidade daquela em particular, uma salmodia sem fim, uma única frase colérica que pelo jeito se prolongava já havia ao menos uma década. Ganhava volume quando Marine dava sinais de que estava prestes a sair, intrometia-se em conversas telefônicas, seguia-nos escada abaixo e porta afora. Provavelmente tinha origem num impulso protetor, mas havia azedado tempos atrás.

Toda vez que eu tinha alguma notícia de Marine, a situação era diferente: estava morando com uma outra pessoa, entrara ou saíra de uma outra banda, estava empregada, desempregada, à beira da glória, recuperando-se de um desastre, e em algum ponto por volta do fim da adolescência ela basicamente migrou dos namorados do sexo masculino para as do sexo feminino, mas nesse caso também nada parecia certo e seguro. Não sei se a estabilidade e a segurança a entediavam, se se atirar no caos era parte da temeridade dos autodestrutivos sem método, ou se os perigos eram meros acessórios das tentações: das drogas, aventuras, do fazer música, da socialização incessante do submundo saturado de entorpecentes da música. Ela tinha a displicência e o charme que tanto significam para os adolescentes, que estão insistentemente construindo uma identidade para enfrentar o mundo, e essa conquista é a antítese da sinceridade que talvez deixasse claro para si e para os outros o que se quer e do que se precisa. As correntes de emoção que nos atiravam para cá ou para lá ainda eram invisíveis e não tinham nome.

Quando adolescente, ela fazia coisas espetaculares com as sombras para os olhos, com azuis-celestes, rosas, dourados e outras cores surpreendentes que faziam de seus olhos mosaicos bizantinos. Mais tarde ela passaria a usar cada vez menos maquiagem, e naquela última noite usava nenhuma – disse que a fazia parecer velha. Ela tinha 24 anos. Tingira de preto os cabelos castanhos e, com sua pele azeitonada tão, mas tão pálida, e os ossos delicados, ela quase parecia dissolver-se numa fotografia de si própria, uma imagem fugaz e perfeita. Um gesto daquela noite: o queixo erguido, os olhos fechados, tirando da testa os fios de cabelo com um acanhamento cansado. Nós duas vestíamos calças *jeans* e camisetas pretas, botas e jaquetas de couro. Quando passamos na minha casa para escutar a fita *demo* que ela havia gravado e pegar o manuscrito do meu primeiro livro, emperiquitamo-nos diante do meu espelho, e dançamos tanto ali quanto nas casas noturnas. O homem com quem ela estava, um músico mais velho da banda da ocasião, assistia a tudo com indulgência. A noite terminou num bar de motoqueiros, onde ela convenceu o enorme gato do estabelecimento a se deitar no seu colo, e nós bebemos a saideira.

Ela parecia radiante, e acreditei quando me contou que tinha parado com as drogas. Era noite de sábado, e ela deveria encontrar uma mulher na quinta-feira. Queria que eu e o companheiro também fôssemos. Foi mais insistente que de costume em relação a esse compromisso e me ligou na terça, em parte para ver se deixara a camisa e um suéter no meu carro, em parte para confirmar que ela voltaria a me ligar na quinta às dez da manhã para combinarmos o ponto de encontro. Tamanha lucidez e dedicação eram incomuns, e, quando o telefonema não veio, eu liguei para a casa da banda, a casa onde ela vinha morando nas últimas semanas. Marine havia morrido na terça-feira à noite, contou-me o músico mais velho, e ele estava destroçado. "A pequena Marine", disse, "nem consigo acreditar."

Uma centena de aventuras com Marine: a tarde do dia em que completei 21 anos, passeando com ela e o cineasta pelas ruínas do vasto balneário Sutro Baths na extremidade noroeste de São Francisco, onde as ondas arrebentam com tanta força que os borrifos chegam a alguns metros de altura; caminhando pela encosta de um morro próximo na verdura do começo da primavera, detendo-nos para atirar pedras na piscina de um velho astro do *rock* de renome mundial que drogava menininhas pelos motivos de sempre; vadeando um gelado riacho florestal até nossos pés ficarem azuis mesmo durante uma onda de calor, depois do fracasso de uma expedição para empinar a pipa de Marine, graças à falta de vento; Marine com uns dezenove anos, *blasé* e impaciente dentro do camisolão do hospital depois de um excesso de metanfetamina tê-la deixado desidratada e desmaiada; em casa, a cabeça meio de lado, olhando para suas fotos de bebê e declarando que era igualzinha ao Mussolini em todas elas; eu e o cineasta, jogando as rosas espinhentas do jardim do pai dele para Marine no palco, rosas que a vocalista da banda recolheu como se fossem para ela; Marine e eu subindo o muro do cemitério católico no fim da rua onde a família dela morava enquanto todos os cães da escola para cegos bem ao lado ladravam; eu voltando para casa seis meses antes de Marine morrer e encontrando uma mensagem na minha secretária eletrônica que dizia com um tom de espanto e despreocupação: "Te amo. É a Marine!".

Quando voltei a ligar para a casa da banda no dia seguinte, para perguntar sobre o funeral, falei: "Mas ela parecia tão feliz, parecia finalmente ter juntado todos os caquinhos". E o músico disse: "Marine nunca estava feliz por ela mesma. Estava feliz por você". Ele me contou que, depois do nosso rolê, ela tinha ido para casa cuidar da avó enquanto a mãe estava fora, e de lá foi para uma festa na terça à noite. Na festa, ela tomou alguma coisa que a matou. Não foi uma surpresa e não parecia totalmente real. Eu não parava de pensar que se tratava de um equívoco bizarro ou de invencionice de alguém, até telefonar para a mãe de Marine, que me contou como a filha estava linda no caixão e insistiu para que eu fosse vê-la na capela-ardente. E isso com os cigarros dela ainda no meu cinzeiro, com seus cabelos ainda na minha escova, suas roupas ainda no meu carro, sua voz ainda nos meus ouvidos, tão pouco tempo depois de nos mirarmos juntas no espelho, e ela, a mais graciosa das duas, a de beleza mais líquida. Naquele sábado, de repente me vi saindo de um simpósio e a caminho da capela.

Nunca estivera numa capela-ardente. Um pórtico de estilo georgiano, um corredor comprido com portas dos dois lados, uma família com crianças reunida para um outro funeral e olhando esquisito para mim. Fiquei confusa com o corredor, até reparar nos livros de visitas diante de cada porta. O último deles trazia inscrito o nome de Marine, e a porta de vidro acortinada estava entreaberta, por isso entrei. A sala era um arremedo escuro de capela. Pairava um estranho silêncio, havia velas imensas e um vitral que filtrava a luz baça e tênue a iluminar um vasto caixão cor de marfim e ornamentado que parecia um confeito, dentro do qual se via um vampirinho. Desde a porta, vista de perfil, ela parecia tranquila, adormecida. De perto e naquela luz, não parecia totalmente familiar, e percebi como seu constante desassossego era parte da impressão que ela causava. O ataúde era forrado de cetim branco, macio feito uma cama, e me peguei sussurrando: "Marine, Marine, Marine, acorde".

A mãe dela passaria alguns anos me telefonando de quando em quando, e, durante uma das ligações, contou-me que a noite em que Marine morrera foi a noite em que ela, a mãe, havia-se casado. O homem com que se casara era jovem e bem de vida, uns dez anos a menos que a mãe, e outros dez a mais que a filha, e Marine chegara a comentar como o detestava, apesar de nunca ter mencionado o casamento. A mãe voltara para casa na manhã seguinte ao casamento e encontrara a garrafa de champanhe comemorativa que Marine comprara para ela, além de sua própria mãe, que lhe disse: "Você precisa ser forte, vai ter de ser muito forte". E, com essa revelação, os fatos voltaram a se reordenar: parecia que, seguindo-se à dolorosa reviravolta de um casamento que lhe fecharia as portas de casa, Marine foi descuidada não porque quisesse escapar, mas porque o caminho de volta fora bloqueado. Dobrei a camisa violeta e o suéter que ela deixara no meu carro e os guardei no baú ao pé da minha cama. Ainda estão lá. No bolso da camisa encontrei a embalagem amassada de um pirulito.

Essa era veio mais uma vez correndo a meu encontro quando entrei numa galeria de Nova York tomada por fotografias de Peter Hujar, que morrera de aids em 1986. Eu andara contemplando a arte absolutamente contemporânea nas diversas galerias que precederam aquela entrada memorável, uma arte que era sofisticada, reluzente, brilhante, uma arte que tratava de questões de *design*, moda, desamor, uma arte que, em certos aspectos, tratava da superfície homogênea da nova cidade que havia substituído a paisagem urbana que tanto me atraíra para a obra de Hujar. A própria textura era diferente. Nas reproduções saturadas e em preto e branco de Hujar – animais, párias, excêntricos e lugares em ruínas –, o mundo era rude em todos os sentidos. Suas superfícies eram porosas, decrépitas, sensuais, carregadas de velhice e do que parecia ser a capacidade de absorver: de absorver a luz, o sentido, a emoção. A cidade tinha mistérios e perigos do tipo que a revitalização urbana promete remover. Não muito longe da galeria ficavam os Chelsea Piers, hoje um "ambiente familiar", um centro de luxo para a prática de esportes e exercícios, caro, controlado, seguro e previsível, tomado por gente saudável que simula atividades como o golfe e a escalada, coisas que só acontecem de fato em outros lugares. É profundamente sintético, uma síntese de propósitos e uma simulação de locais, mas pode ser que ainda volte a sucumbir à ruína.

O *site* dos Chelsea Piers passa bem longe da história entre 1976 e 1992, quando sua fase atual começou. "Mas, enferrujando no porto, os Chelsea Piers aguardavam pacientemente que o destino voltasse a convocá-los", é tudo o que diz. Acontece que eles aguardavam coisa nenhuma. Durante aqueles anos, toda espécie de marginal e pária sexual ficava à vontade naquela zona autônoma e temporária: sadomasoquistas em roupas de couro, travestis de meia arrastão, sem-teto e drogados. Os Chelsea Piers eram o lugar onde Peter Hujar fazia suas fotos, onde seu protegido, David Wojnarowicz (que morreria de aids em 1992), caía na paquera e encontrava os temas para seus textos:

> Papéis de antigas companhias marítimas espalhados por toda parte feito detonações em meio aos destroços da mobília; escrivaninhas de três pernas, um sofá emborcado de corino verde menta, e pequenos retângulos de luz e vento e rio acima da parede oposta. Eu me inclino na direção dele, eu o empurro contra a parede, subo minhas mãos pálidas por baixo de seu suéter [...]. No galpão, pouco antes de escurecer, passei pelos corredores e fotografei os diversos grafites nas paredes, alguns de hermafroditas e outros de marginais de traços bem definidos fumando cigarros [...].[1]

Algo na veemência emocional, erótica, estética e ética de Wojnarowicz parece inseparável desse tipo de lugar; pois, se ele – *queer, punk, desperado*, ativista – foi o artista quintessencial de sua época, é porque sua época tratava desse tipo de lugar, o arruinado, desolado, mas de algum modo ainda imbuído de uma ideia romântica e fora da lei de possibilidade, de liberdade, até mesmo da liberdade de ser idealista – idealista à luz rancorosa de "No Future" dos Sex Pistols, talvez, mas idealista mesmo assim.

1. David Wojnarowicz, *Close to the Knives: A Memoir of Disintegration*, 1991.

"A nuclear error but I have no fear", cantava The Clash, "cause London is drowning and I – I live by the river" – um erro nuclear, mas não me arrepio, porque Londres afunda e eu... moro na beira do rio[2]. Foi a era da arte reaganiana de levar o mundo à iminência de um desastre nuclear, e as ruínas pós-nucleares estavam na imaginação de todos. "Os vivos terão inveja dos mortos" era a frase que os ativistas da campanha Nuclear Freeze pela não proliferação de armas nucleares recitavam feito mantra, e livros, artigos e um filme feito para a televisão previam o tipo de ruína que o Hemisfério Norte poderia tornar-se. Eu sempre antevia a vida nesse mundo pós-nuclear e, quando pensava no meu futuro, eu me perguntava se seria mais pertinente adquirir habilidades de sobrevivência ou um diploma universitário. Embora se imaginassem as ruínas como a arquitetura profética do futuro, elas eram a essência de sua época. As grandes cidades industriais estavam-se transformando em outra coisa: São Francisco e Nova York estavam quase perdendo seus portos para locais mais suburbanos, e as indústrias de pequeno porte dos centros pobres e degradados eram substituídas por artistas e pelos riquinhos descolados que por vezes acompanham e imitam os artistas.

Hoje estamos no começo de uma era cujas construções são muito mais assustadoras que as ruínas. No momento em que escrevo, as novas formas de vida baseadas em silício estão-se infiltrando em todos os interstícios sem disparar alerta algum de que tudo talvez mude completamente e de uma maneira muito mais insidiosa do que a guerra nuclear, de que talvez tragam uma nova riqueza que apagará as ruínas. Na década de 1980, imaginávamos o apocalipse porque isso era mais fácil que os estranhos e complicados futuros que o dinheiro, o poder e a tecnologia viriam a nos impor, futuros intricados dos

2. The Clash, na canção "London Calling".

quais seria difícil sair. Da mesma maneira, os adolescentes imaginam morrer jovens porque a morte é mais concebível que a pessoa na qual todas as decisões e todos os fardos da vida adulta podem vir a transformá-los. Então pensei na morte de Marine como o fim da minha juventude por ter sinalizado o fim da minha ligação com esse submundo, mas talvez tenha sido porque a morte se tornou real.

Tudo havia mudado para mim nos dois ou três anos que terminaram com a morte de Marine: meu pai morreu num país distante; coisas que antes tinham sido perigosas demais para eu enxergar vieram à tona, e eu me digladiava com demônios extremamente educativos; larguei o emprego e embarquei na vida que levo hoje, a vida de uma escritora independente; e o cineasta se mudou para Los Angeles para começar uma carreira exitosa no ramo do entretenimento, uma transição que deixou claro que seguíamos em direções diferentes, e por isso nos separamos. Perdi uma vida inteira e, aos poucos, fui ganhando outra, mais aberta e mais livre. Apesar de eu pensar na década de 1980 como minha fase mais urbana, Marine e eu, que crescemos naquele condado suburbano de belas colinas, ainda tínhamos um pé na zona rural ou no mato, pois essa direção também era uma fuga.

Hoje penso que os subúrbios foram uma espécie de tranquilizante para a geração que nos antecedeu, se é que se pode considerar a topografia um entorpecente. A brandura das casas rancheiras, as linhas reconfortantes das ruas que descreviam curvas para terminar em becos sem saída, a homogeneidade, a repetição, os nomes bonitos e vazios pensados para apagar o desespero da pobreza e do conflito, para apagar cortiços, barracões, acampamentos de migrantes e choças de meeiros. O que eles queriam apagar nós desenterrávamos e transformávamos em nossa contracultura, nosso refúgio, nossa identidade. Estávamos saindo do transe e partindo atrás do mundo de nossos avós, nós, a garotada não tão distante de uma Europa perdida, da Segunda Guerra Mundial, do desespero e da privação. Era isso que a cidade oferecia, um antídoto violento, a possibilidade de estar completamente desperta, cercada por todas as possibilidades, algumas das quais eram terríveis, como viríamos a aprender a duras penas. Ainda sou citadina, mas, naquele tempo, quando tudo mudou, comecei a me entranhar na outra direção. Um outro mundo se abria para mim, e nesse mundo a noite servia para dormir e, longe das luzes urbanas, para observar as estrelas. Passei a conhecer a Via Láctea e a nitidez das sombras projetadas pela lua cheia no deserto.

Hoje eu questiono o abandono de Marine. De certo modo, parece-me corajoso esse atirar-se na aventura sem medo das consequências. Ou seria um desespero no qual havia coisas mais terríveis que a morte, uma ânsia tão urgente pela anestesia, a distração e a ideia de predestinação que as drogas parecem oferecer, ou mesmo um desejo de morte? Era eu a covarde por não querer explorar os rincões mais distantes da consciência, temerosa de me perder, de ser incapaz de retornar? Eu me virava sozinha desde os dezessete anos, e essa independência precoce fazia de mim uma velha: eu nunca tinha certeza se alguém recolheria os cacos se eu me destroçasse e pensava nas consequências. Os jovens vivem no presente absoluto, um presente de dramas e temeridades, de agir por impulso e acompanhar a manada. Eles trazem o destemor das crianças para atos que têm consequências adultas e, quando algo sai errado, vivenciam a vergonha ou a dor também como um presente eterno. A vida adulta é feita de uma expectativa prudente e de uma memória filosófica que faz a gente navegar com mais lentidão e firmeza. Mas o medo de cometer erros pode-se tornar um erro imenso, um erro que impede a gente de viver, pois a vida é arriscada, e qualquer coisa menos que isso já é uma perda. Por conta disso deixei de viver muitas aventuras bem no comecinho, mas sei que havia muitas sendas que eu poderia ter seguido, e a loucura e a miséria aguardavam no fim de algumas delas, assim como a morte aguardava numa das sendas de Marine, obliterando as outras por onde seus talentos e suas paixões poderiam tê-la levado.

Em algumas ocasiões de alguns anos ainda por vir, eu curtiria o sabor metálico do extrato da papoula em graus variados de refinamento e seu efeito de me transformar em algo quase reptiliano. Os opiáceos parecem eliminar não só a dor física, mas também a existencial, convertendo-nos em espectadores impassíveis de nossas sensações e vontades e da passagem do tempo, indolentes como todas aquelas imagens de divãs, tapeçarias e longos cachimbos haviam prometido. Se bem que, numa terceira versão da morte de Marine, ouvi dizer que não foi a heroína que a matou, mas uma bolinha de metanfetamina que lhe deram para "acordá-la": essas duas drogas formam uma combinação letal, e nessa versão ela morreu por causa de um bando de covardes que não quiseram correr o risco de enfrentar consequências legais caso chamassem os socorristas, que poderiam ter revivido Marine com uma simples injeção. Hoje não sei dizer se foi homicídio, suicídio, acidente ou tudo isso ao mesmo tempo. Marine vivia-se atirando no desconhecido, mas sempre voltava para casa, enquanto eu penava numa estrada retilínea que me afastava do meu ponto de partida.

O azul da distância

Azul foi o título que dei a uma coletânea em fita cassete que gravei há uns dez anos, e algumas canções falavam de tristeza; outras, do céu; e outras ainda, das duas coisas. Volta e meia eu preparava uma dessas compilações, principalmente para ouvi-las em longas viagens de carro, e nelas eu tentava definir o que me tocava na música escolhida. Uma coletânea anterior, eu a chamara de *Aulas de geografia, na maioria trágicas*, e ali também eu tentara identificar uma espécie de evocação de lugar e sua ressonância emocional naquela música. Uma compilação que abordava rios e bebedeiras, o afogamento de dentro para fora, eu chamei de *O inteiramente líquido Mr. North*, em homenagem ao compositor e vítima do alcoolismo Abe North, do romance *Suave é a noite* de F. Scott Fitzgerald, apesar de serem canções do Sul dos Estados Unidos. Em *Azul*, boa parte da música tinha alguma relação com os *blues*, como se a música voltasse às suas origens na saudade e no azul da distância.

Eu descobrira a música *country* e *western* havia alguns anos – não esse troço moderno que é basicamente *pop* sentimental ao som de rabecas e de uma voz anasalada, mas as melodias mais antigas que sondavam as profundezas escuras da experiência emocional. Eu havia-me criado na cultura liberal e litorânea de um bando de imigrantes, muito distante dos domínios dessa música, e aprendido a desprezar essa coisa como algo banal, sem valor, vulgar, sem nunca lhe dar atenção. Quando a música explodiu em mim de uma hora para outra certa primavera, fiquei atordoada ao descobrir que as canções mais populares muitas vezes eram, como os contos de Edgar Allan Poe e Katherine Anne Porter, uma espécie de gótico do Sul dos EUA, enamorado da tragédia e da topografia. Pensando nisso hoje, intriga-me essa era em que uma poética plangente de perda se apoderava das ondas do rádio e me intriga também como isso degringolou para a banalidade real do otimista *country* contemporâneo (embora ainda existam grandes intérpretes de baladas nas margens do gênero).

As canções que se insinuaram em minhas veias eram como contos comprimidos em algumas estrofes e um refrão: sempre abarcavam e estratificavam o tempo. Era uma música assombrada, que tratava de lembranças distantes, falava de pessoas que haviam morrido ou ido embora, ou no mínimo se dirigiam a uma pessoa amada e muito fora do alcance da voz. Assim como a escrita, a música era solitária, conversava consigo mesma naquela solidão da composição e da contemplação, no livre fluxo de tempo que é o antes, o depois e o entre, mas de algum modo nunca exatamente o agora de uma história de amor afortunada, e talvez fosse também o tempo dos meus longos passeios de carro no verão, de dirigir novecentos, 1.600 quilômetros num só dia, de desenrolar repetidas vezes – feito filmes, contos, histórias que as criancinhas pedem para ouvir e se sentirem seguras – os trechos da rodovia 40 que cruza o Arizona e o Novo México, da 80 e da 50 através de Nevada e Utah, da 58 e da 285 pelo deserto da Califórnia, de várias rodovias secundárias e outras estradas, com suas *mesas* e *diners* sempre iguais, e uma luz, nuvens e condições atmosféricas que nunca se repetiam.

E não estou falando, necessariamente, de coisas obscuras ou alternativas. Num mercado de pulgas, comprei uma fita cassete dos primeiros sucessos de Tanya Tucker por 25 ou cinquenta centavos de dólar, ainda na época em que eu começava a xeretar o que, para mim, era um continente todo novo. A fita parecia uma antologia de contos. Uma ex-beldade rondava a cidade, exasperada pela perda e empacada num momento que já havia evaporado tempos atrás, com a mala nas mãos, à espera de um homem que a abandonara havia tempos. Uma voz sem nome perguntava ao amante também sem nome, "você se deitaria comigo (num campo de pedras)?"[1], conjurando a imagem bizarra de um casal de namorados numa daquelas pastagens graníticas e não cultiváveis, e, ao que parece, a força da carência é a única explicação que o estranho pedido exigia ("Walking After Midnight[2]", o enorme sucesso de 1957 de Patsy Cline, tem a mesma peculiaridade perturbadora: ela caminha, nas palavras de Don Hecht e Alan Block, pela rodovia no meio da noite para dizer que ama o "você-lírico" da canção, uma maneira nada domesticada, razoável ou mesmo direta de dizer alguma coisa, e a obliquidade do expediente segue em proporção direta à impossibilidade de realmente dizê-lo ao amado sem nome e irrecuperável naquela paisagem de solidão). Uma mulher recordava o homem que a abordara quando criança. Ele lhe perguntara o nome da mãe e se esta por acaso chegara a mencionar um lugar chamado Nova Orleans, e, por incomodar uma criança, o homem foi parar na cadeia. Perto do momento presente da canção, o autor da pergunta morre, e em seu corpo alguém acha o bilhete da mãe anunciando o nascimento da menina, de modo que o único encontro de pai e filha fora uma catástrofe da falta de reconhecimento, do fracasso de estabelecer laços que tantas vezes é a matéria-prima dessas canções que estratificam o tempo como se jogassem terra numa sepultura.

1. "Would You Lay With Me (in a Field of Stone)"; letra de David Allen Coe.
2. Letra de Don Hecht e Alan Block.

Sempre tratavam de alguém que recordava uma tragédia ocorrida tempos atrás, geralmente eram sobre uma outra pessoa, de modo que uma espécie de bruma de distanciamento pairava sobre os acontecimentos outrora plangentes, o tipo de tempo que Joseph Conrad invocava ao colocar um narrador num navio atracado para contar a história de um outro homem em um outro oceano tempos atrás, um enigma ainda por resolver a ser reanalisado. A canção quintessencial desse filão e também a de que gosto mais é "Long Black Veil"[3], que o protagonista entoa de além-túmulo, dez anos depois de ter sido enforcado por um crime que não cometeu enquanto a esposa de seu melhor amigo assistia em silêncio à sua execução. Tinham estado juntos, na cama, mas nenhum dos dois invocara o álibi que o teria livrado da forca. E assim, como diz o famoso refrão, ela percorre as colinas usando um longo véu preto "e visita meu túmulo quando à noite geme o vento". Mesmo "Ode to Billie Joe" de Bobbie Gentry, esse megassucesso de 1967 no qual a protagonista talvez tenha empurrado o namorado da Tallahatchie Bridge (logo abaixo de Choctaw Ridge), tem um quê dessa sensação de observar fantasmas e espectros no espelho retrovisor do tempo que não se pode recuperar, de uma perda e de um erro que não se podem recuperar.

Os protagonistas eram muitas vezes anônimos, desprovidos de nomes, descritos apenas da maneira mais vaga. Um homem, uma mulher, a pessoa amada e morta há tempos, uma esposa infiel, um marido brutal, uma esperança abandonada, um sonho vislumbrado uma vez e então perdido. Mas o território no qual esses dramas se desenrolavam eram sempre evocados minuciosamente, e se eram canções trágicas a respeito do fracasso do amor humano, também eram canções de amor a respeito de lugares que tinham seus nomes declamados como

3. Letra de Danny Dill e Marijohn Wilkin.

se fossem encantamentos e carícias. Os nomes ou simplesmente os fatos de pontes, montanhas, vales, cidades, estados, rios (muitos rios), rodovias eram rememorados em devaneio, e os próprios estados psíquicos se tornavam lugares, "Lost Highway" e "Lonely Street". Portanto, embora fossem escancaradamente canções de amor, na maioria delas a paisagem era uma âncora mais profunda para a existência e o objeto de um outro amor mais duradouro. O túmulo, a luz do paço municipal, as colinas e o cadafalso são mais vívidos que os protagonistas de "Long Black Veil". Talvez porque não se pode voltar no tempo, mas é possível retornar aos cenários de um amor, de um crime, da felicidade e de uma decisão fatal. Os lugares são o que resta, são o que se pode possuir, são imortais. Tornam-se a paisagem tangível da memória, os lugares que nos fizeram e, de certo modo, também nos transformamos neles. São o que podemos possuir e o que, no fim, nos acaba possuindo.

Na minha velha fita de Tanya Tucker, Brownsville, San Antonio, Memphis, Nova Orleans e Pecos eram os únicos nomes próprios mencionados, embora ruas, campos, rios, lojas, cadeias, balsas e outros locais também aparecessem. As pessoas não tinham nome, e, às vezes, as mulheres começavam a se fundir aos lugares, como aquelas personagens trágicas que os deuses transformavam em roseiras ou fontes para estabilizar sua aflição. Havia, naturalmente, a noiva abandonada de nome Delta Dawn e, de maneira muito mais tórrida, havia a jovem vítima de estupro que se ensimesmou e ficou conhecida como Terra de Ninguém. Ela cresceu e se tornou uma beldade, uma enfermeira, e, certo dia, viu-se convocada para cuidar de seu estuprador – a canção não entra em detalhes, mas parece que ela preferiu vê-lo morrer a tratá-lo "e agora a alma [dele] vaga pela Terra de Ninguém"[4]. É uma canção apavorante, que

4. "No Man's Land"; letra de Bob Dylan.

trata do mal que as pessoas podem causar umas às outras e da maneira como o estuprador acaba possuindo a jovem duas vezes – uma delas como a alma que assombra o limbo que ela se tornou.

Os lugares onde os fatos significativos ocorriam ficavam impregnados com um pouco daquela emoção e, portanto, recuperar a memória do lugar é recuperar a emoção, e por vezes revisitar o lugar revela a emoção. Todo amor tem sua paisagem. O lugar, portanto, do qual sempre se fala como se contasse apenas quando estamos presentes, nos possui em sua ausência, assume uma outra vida como uma ideia de lugar, uma invocação na imaginação com todo o efeito atmosférico e a associação de uma emoção forte. Os lugares internos são tão importantes quanto os externos. É como se, da maneira como permanecem conosco e como sentimos saudade deles, os lugares se tornassem divindades – muitas religiões têm divindades locais, espíritos regentes, *genii locorum*. Pode-se imaginar que, nessas canções, o Kentucky ou o rio Vermelho sejam um espírito para o qual o intérprete reza, que ele ou ela lamenta o tempo do sonho antes do banimento, quando o intérprete vivia entre os deuses que não eram fantasmas, mas geografia, matéria, a própria terra.

Há um prazer voluptuoso em toda essa tristeza, e eu me pergunto de onde vem, porque, da maneira como geralmente construímos o mundo, a tristeza e o prazer deveriam estar muito distantes. Será que a alegria que vem de outras pessoas sempre tem como risco a tristeza, porque, mesmo quando o amor não deixa a desejar, a mortalidade se insinua? Será que há um lugar onde tristeza e alegria não se distinguem, onde toda emoção se une, uma espécie de oceano onde deságuam os afluentes de emoções distintas, um muito distante no fundo da alma? Será que essa tristeza é apenas o efeito colateral de uma arte que descreve as profundezas de nossas vidas, e ver isso descrito em todo seu potencial para a solidão e o sofrimento é lindo? Existem canções de poder insurgente: são, em suma, o que o *rock and roll* – rebento de uma cepa do *blues* – faz de melhor, essas canções sobre ser jovem e estar no começo do mundo, plenamente ciente de seu próprio potencial. Por outro lado, o *country* – o das antigas, pelo menos – dedica-se ao rescaldo, ao trabalho árduo que o seguir adiante exige ou à percepção que se sucede ao momento em que já não é mais possível continuar. Se é mais profundo que o *rock*, é porque o fracasso é mais profundo que o sucesso. É com o fracasso que basicamente aprendemos.

Em todos aqueles passeios de carro no verão, não importava para onde eu fosse, se ao encontro de uma pessoa, um projeto, uma aventura ou voltando para casa, sozinha no carro com minha vida social inteira à minha frente ou atrás de mim, eu pairava na bela solidão da estrada desimpedida, numa espécie de introspecção que somente o espaço ao ar livre produz, pois o dentro e o fora estão mais entrelaçados do que as distinções habitualmente permitem. A emoção atiçada pela paisagem é lancinante, uma alegria que se limita com a dor quando o azul é mais profundo no horizonte ou as nuvens se põem a fazer aquelas coisas fugazes e espetaculares que são tão mais fáceis de lembrar do que descrever. Por vezes penso no meu apartamento em São Francisco apenas como colônia de férias para passar o inverno, e em todo o circuito do Oeste que eu percorro algumas vezes por ano como minha casa, e em mim mesma como uma espécie de nômade (os nômades, contrariando a imaginação popular de hoje, têm rotas fixas e relacionamentos estáveis com os lugares; estão longe de ser os andarilhos e vagabundos do *dharma* que a palavra *nômade* muitas vezes conota nos dias de hoje). Significa que tudo é minha casa, e certamente é meu lar a emoção forte que – por exemplo, a sequência de *mesas* que, partindo de Gallup, Novo México, acompanham a rodovia uns oitenta quilômetros rumo ao oeste, e outros 150 no sentido leste – tem o poder, mesmo agora enquanto escrevo, de me comover profundamente, como também me comovem dezenas de outros lugares, e tenho vontade não de ver lugares novos, mas de retornar e conhecer mais a fundo os antigos, uma vontade de revê-los. Mas, se isso é meu lar, então sou senhora de uma vastidão encantada e, ao mesmo tempo, estou profundamente alienada.

Na mesma situação encontravam-se as pessoas naquelas canções, e parecia que lá os nomes-lugares tinham o mesmo poder evocativo que tinham em minha vida: adoro ouvir as pessoas pronunciarem esses nomes. Quando eu vivia no Novo México, um aluno que já havia morado na minha região da Califórnia me encantava e mesmerizava ao dizer: "Sebastopol, Occidental, Freestone, Gravenstein Highway, Petaluma...". Hoje são os nomes do Novo México que mais exercem poder sobre mim: Golondrinas, Mora, Chacon, Trampas, Chimayó, Nambé, Rio en Medio, Canyoncito, Stanley, Moriarty, East Mountains, Cerrillos, Cerro Pelón. Existe um gênero inteiro de canções que começou no *blues* e consiste basicamente de nomes-lugares, um declamar da geografia, do qual a famosa "Route 66" é somente o exemplo mais conhecido (talvez venham dos brados dos chefes de trem nas estradas de ferro, a exemplo da lista na cantiga *bluegrass* "Orange Blossom Special"; talvez as viagens e as listas estejam inevitavelmente ligadas, de modo que uma música de desassossego encontrasse seu compasso nos nomes-lugares). O mais próximo que um forasteiro com algum discernimento chegou dessa essência está em "Wanted Man", composta por Bob Dylan em 1969 e famosa na gravação de Johnny Cash. É uma lista jactanciosa de todos os lugares em que um criminoso é procurado, uma récita que inclui Albuquerque, Tallahassee, Baton Rouge e Buffalo, uma confusão entre ser desejado e ser caçado que faz insinuações perturbadoras sobre os motivos para alguém cometer um crime.

Que a vida é uma viagem é algo que todo mundo sabe nessas canções, cujo pano de fundo, ao fim e ao cabo, é a urbanização dos brancos da zona rural e a migração dos negros do Sul para o Norte dos Estados Unidos, mas o amor intenso pelo lugar concebe essa jornada não como uma narrativa esclarecida de descoberta do desconhecido, mas como um conto insular de perda da *terra cognita* formadora que existe na canção apenas como memória, um mapa traçado na escuridão de nossas entranhas, legível numa secção transversal de nosso coração autopsiado. Ninguém supera nada; o tempo não fecha as feridas; se ele parou de amá-la hoje, como quer uma das canções mais famosas de George Jones, é porque está morto. A paisagem na qual se supõe que a identidade esteja alicerçada não é sólida: é feita de lembranças e desejos, e não de rocha e solo, assim como as canções.

As pessoas olham para o futuro e esperam que as forças do presente se desdobrem de uma maneira coerente e previsível, mas qualquer exame que se faça do passado revela que as estradas tortuosas da mudança são inimaginavelmente estranhas. Não há lógica nem profecia capaz de explicar a evolução da baleia a partir de uma criatura aquática antiga através de eras e eras em terra e de volta ao mar para se tornar algo completamente diferente de qualquer outra coisa apta a sobreviver na superfície do planeta. A música a que se dá o nome de *blues* é um bom exemplo do improvável, uma evolução da música africana na paisagem sudestina norte-americana, modulada pela escravidão e a exposição à língua inglesa, aos instrumentos europeus e, quem sabe, às baladas irlandesas, escocesas e inglesas – a melancolia apaixonada das baladas de assassínio e das canções que falavam de donzelas abandonadas e vinganças sangrentas. O termo *blue* vem de uma palavra do anglo-saxão para melancolia ou tristeza, humores *blue*, demônios *blue*, os *blues*, registrado pela primeira vez em 1555, segundo meu dicionário etimológico.

O mundo de onde vieram os *blues* praticamente desapareceu. Nem meio século após a escravidão, surgiu de escolhas severamente limitadas e da limitação à mobilidade, e ler as primeiras biografias é colecionar imagens de meeiros em suas choças no meio do algodoal; de prisioneiros, crianças, todos fazendo trabalho pesado; de pó; das enchentes do Mississippi e das venetas da lei; de uma sociedade na qual as pessoas que outrora foram escravos ainda estavam longe de ser livres. Algumas pessoas que vieram desse mundo fixaram residência no bairro onde vivi a maior parte da minha vida adulta e me falaram sobre ele, mas estão morrendo, uma a uma, e seus bisnetos hoje escutam uma música totalmente diferente, embora as igrejas próximas ainda cantem o *gospel*. Os *blues* são uma espécie de narrativa do cativeiro, mas as narrativas do cativeiro dos brancos costumavam falar de pessoas que ficavam cativas durante pouco tempo ou eram plenamente aceitas por uma nova sociedade. Os *blues* definiam uma espécie de exílio interno e perpétuo de pessoas que não tinham como voltar, mesmo sendo o êxodo do Sul dos EUA o tema de várias canções do gênero, mas sem o desejo ardente da música *country* e branca pelos lugares que ficaram para trás. Nessas condições, mesmo a nostalgia e a saudade de casa são privilégios de poucos.

A pobreza e o racismo não desapareceram, mas a autocontenção da comunidade negra rural foi rompida pela emigração, por um certo grau de dessegregação, mas, acima de tudo, pela transformação do mundo pelo transporte barato e a ubiquidade dos meios de comunicação de massa, pela deterioração do caráter local praticamente em toda parte. É como se um tipo de gravidade específica se tivesse dissipado, mas, antes que o fizesse, tivesse comprimido essas forças díspares numa expressão veemente, da mesma maneira que peso e pressão tremendos transformam o solo em minerais e pedras preciosas. Os *blues* propriamente ditos, os *blues* como costumavam ser em 1933, são frágeis e valiosos, um estilo que muitas vezes parece anacrônico ou nostálgico (com um público basicamente branco hoje em dia), mas se espalhou para se tornar o ancestral de boa parte da música popular moderna, de um jeito ou de outro.

Em certos aspectos, os *blues* dominaram o mundo, e a melancolia específica do Sul dos EUA pós-escravatura tornou-se algo universal, ou então uma melancolia universal encontrou um veículo específico para sua expressão. As canções *country* a respeito de lugares que eu colecionava eram, de certo modo, os *blues* – penso em quantas canções Hank Williams compôs e que eram enquadradas explicitamente à moda dos *blues* –, mas era como se fosse possível levar a cor – o azul – ao pé da letra, imaginar os *blues* originais como uma cor penetrante, veemente e rebelde, índigo, celeste, safira, diluída na melancolia sorumbática dessas canções brancas que falam de perda e olhares de relance para trás, para o azul da distância.

Isak Dinesen tem um conto dentro de um conto que fala da cor azul e parece mais uma dessas canções, desta vez sem a voz nem a música que as tornam tão viscerais, mas com a mesma sensação de percorrer com o olhar as grandes distâncias de tempo, espaço e identidade. Eu me lembrava dele e, em vão, voltei a procurá-lo em todos os livros da autora, esse conto perdido a respeito da cor azul, então um dia fiz uma busca na *web* por Isak Dinesen e *blue*, e descobri que era o conto que o escritor narra aos marinheiros em "The Young Man with the Carnation" [O rapaz do cravo], a história da crise de desespero de um escritor pela duração de uma noite, uma crise que termina de manhã, com ele selando um pacto com Deus. Deus firma uma aliança garantindo que "não lhe [vai] aquinhoar mais angústia do que precisa para escrever livros; deseja menos que isso?". O conto dura apenas uma página e meia, e, portanto, tem o mesmo caráter de esboço das canções – "Long Black Veil", na versão que pesquisei, tem o mesmo número de versos de um soneto, mas o esqueleto de um romance contido nesses versos.

Dinesen era, ela mesma, uma emigrante na África, e pode ser que algo desse hibridismo dos *blues* integrasse a influência que a narrativa africana exerceu sobre o talento da autora para contos mais luminosos e inesperados do que as histórias comuns, mais elaborados e críveis que fábulas e contos de fada. No conto dentro de um conto que redescobri, um velho aristocrata inglês que servira a seu país não se importava com mais nada na vida a não ser colecionar porcelana azul, e, com essa intenção, ele percorria o mundo acompanhado da filha jovem. Trata-se de um detalhe revelador, pois essa porcelana já era parte do mercado de exportação, tanto é que os holandeses e chineses já fabricavam louça que se aproximava do que os europeus julgavam ser a aparência real da cerâmica chinesa, essa coisa azul e branca cuja imagem mais conhecida também é um pequeno conto trágico, o padrão *blue willow* de aves, árvores, água e amantes apartados, feito os itens de uma canção que se poderia beber, chávenas que sempre seriam xícaras de mágoa. O navio deles naufragou, a filha ficou para trás durante a evacuação e, no último minuto, um marinheiro a carregou para um bote que passara despercebido e, durante nove dias, os dois se viram sozinhos no mar.

Resgatados os dois, Dinesen, por meio de seu jovem e fictício escritor, continua: o pai da moça baniu o marinheiro para o outro lado do mundo, e a náufraga resgatada só queria colecionar porcelana azul.

> Em sua busca ela dizia às pessoas com quem negociava que estava à procura de um azul particular e pagaria por ele o

> valor que fosse. Mas, apesar de comprar centenas de vasos e tigelas azuis, ela sempre os deixava de lado depois de algum tempo, e comentava: "Ai de mim, não é o azul correto". O pai, depois de já terem viajado muitos anos, sugeriu à filha que talvez a cor que ela buscava não existisse. "Por Deus, papai", disse ela, "como pode dizer tamanha maldade? Claro que deve ter restado um pouco da época em que o mundo todo era azul."[5]

Passaram-se anos, décadas, o pai morreu, e, por fim, um mercador trouxe para ela um antigo vaso azul saqueado do palácio de verão do imperador chinês. Ao vê-lo, ela disse que agora poderia morrer, e que, quando morresse, que lhe arrancassem o coração e o colocassem no vaso azul. "E tudo será como foi outrora. Tudo será azul a meu redor, e no seio do mundo azul meu coração será inocente e livre, e baterá de mansinho [...]."

5. Isak Dinesen, "The Young Man with the Carnation", in *Winter's Tales.*

Duas pontas de flecha

Certa vez amei um homem muito parecido com o deserto, e, antes disso, amei o deserto. Não era uma coisa em particular, e sim o espaço entre as coisas, aquela abundância de ausência que é a atração do deserto. Ali a geologia que subjaz as paisagens mais viçosas fica exposta ao olhar, e isso lhe dá uma elegância esquelética, da mesma maneira que suas condições severas – as distâncias vastas entre uma fonte de água e outra, os muitos perigos, os extremos de temperatura – não nos deixam esquecer nossa mortalidade. Mas o deserto é feito de luz antes de tudo, ao menos para os olhos e o coração, e não demoramos a aprender que a cordilheira a trinta quilômetros de distância é rosa ao amanhecer, um verde xerofítico ao meio-dia, azul à tardinha e com céu encoberto. A luz desfigura a solidez óssea da terra, saçaricando por ela feito a emoção pelo semblante, e nesse aspecto o deserto tem uma vida intensa, pois o humor aparente das montanhas muda de hora em hora, lugares rasos e nítidos com o sol a pino são tomados por sombras e mistérios à noitinha, pois a escuridão se torna um reservatório para dar de beber aos olhos, as nuvens prometem uma chuva que chega feito paixão e parte como redenção, uma chuva que se entrega acompanhada de trovões, relâmpagos, fragrâncias que se elevam nesse lugar tão puro que a umidade, o pó e uma diversidade de arbustos têm todos o próprio cheiro na repentina umectação. Uma vida de forças primitivas da rocha, do clima, do vento, da luz e do tempo em que a biologia não passa de um hóspede indesejado entregue à própria sorte, disfarçado, apequenado e ameaçado pelos anfitriões. Era a vastidão que eu amava e uma austeridade que também era volúpia. E o homem?

Fui visitá-lo em sua casa nas entranhas do Mojave certa noite no fim da primavera. Havíamo-nos encontrado apenas uma vez, e, vários meses depois, ele me ligou alegando que estava atrás do número de telefone da pessoa amiga que nos apresentara, segurou-me na linha durante uma hora ou mais e acabou-me dizendo para dar um pulo na casa dele da próxima vez que eu estivesse pelas redondezas, e foi o que fiz. Conversamos desde a luz radiante da tardinha até a escuridão da primeira noite cálida da estação, e só a brisa suave já me parecia uma delícia, saracoteando por meus braços e pernas que não precisavam mais se agasalhar da noite. Conversamos enquanto a lua cheia galgava o céu, e as palavras preenchiam o espaço exíguo entre nós, uma proteção tanto quanto um vínculo. Horas se passaram e, de repente, aos meus pés, o solo serpeou. E um rato canguru apareceu, uma criatura que eu só tinha visto de longe e em fuga. Toquei o ombro do homem para chamar a atenção dele para aquela surpresa, e calados assistimos ao ratinho estranhamente intrépido fazer seu trabalho durante um bom tempo, depois retomamos a conversa mais devagar e mais baixinho enquanto a criatura continuava a refinar a entrada de seu túnel e o montículo de terra grumosa em sua boca, indiferente à nossa presença. Os morcegos mergulhavam para arrebatar sua refeição invisível em pleno ar, e os coiotes começaram a uivar, em maior número, mais perto e com mais persistência do que eu já tinha ouvido ou ainda viria a escutar, uma orquestra inteira de lamentos que se prolongaram madrugada adentro.

No caso de outros homens, somos apresentadas a suas famílias, mas, no caso desse homem sem pressa que parecia um ermitão do deserto, aparentemente eram os animais que ocupavam esse espaço e estavam sempre perto de sua casa. A solidão na cidade tem a ver com a falta de outras pessoas ou, melhor ainda, com a distância a que elas se encontram passada uma porta ou parede, mas em locais remotos não é a ausência, e sim a presença de uma outra coisa, uma espécie de silêncio sussurrante em que a solidão parece inata à nossa espécie, e as palavras são pedras estranhas que podemos ou não revirar. Eu já tinha vivido em outros desertos, mas nunca em um tão cheio de vida animal. Tapitis, lebres e codornizes titubeantes estavam sempre por perto e, de manhãzinha, eu costumava ver os coelhos dançarem e saltarem no ar por pura diversão. Era comum um coiote de fim de tarde passear no quintal, e ali um lince me lançou um olhar impassível certa feita, ali os vizinhos viram um puma, e muitas foram as manhãs em que dois papa-léguas cruzaram a entrada de carros perseguindo um ao outro.

No nosso segundo encontro, ele me contou que, ao acordar, havia uma cascavel lá fora, gelada demais para se mexer no friozinho da manhã, e ele tivera de pegar a serpente com uma pá e colocá-la na garagem, torcendo para que caçasse o rato trocador que andava roendo a fiação. Fiquei surpresa e impressionada com essa reação tão contrária ao que a maioria das pessoas espera das cobras: distância. Ele era apaixonado por serpentes, e em cada um dos nossos primeiros encontros parecia ter uma história nova para contar. Em uma delas ele seguia de carro do Mojave até as montanhas nas noites de verão, dirigindo devagar para ver as cobras que saíam para se aquecer no asfalto que retinha o calor durante mais tempo que qualquer outra coisa, para vê-las, recolhê-las e levá-las para algum lugar seguro. Já tinha visto uma cobra-touro montar campana à entrada de uma toca de coelho e comer cada um dos filhotes que de lá saíam, já tinha visto cobras se acasalando, elevando-se bem alto para se enroscarem uma na outra, e ele costumava encontrar cascavéis com regularidade, ao que parecia. Certo dia ele chegou em casa e me disse com aquele tom de voz baixo que eu aprendera a identificar como meiguice que ele tinha visto um filhote de cascavel mais fino que um de seus dedos. Depois daquele primeiro encontro, continuei minha viagem rumo ao meu destino original, um outro deserto onde eu ficaria sozinha para escrever. Alguns dias depois, no dia mais longo do ano, eu subia uma trilhazinha de terra quando me lembrei com o que havia sonhado na noite anterior – uma serpente – e, ao dizer a palavra comigo mesma, olhei para baixo e vi que meu pé direito estava prestes a pisar numa cascavelzinha rechonchuda que coleava por ali com a língua de fora e a cauda arrematada por um botão.

Qual é a mensagem que nos trazem os animais silvestres, a mensagem que parece dizer tudo e nada ao mesmo tempo? Qual é essa mensagem sem palavras, que é nada mais nem menos que os animais propriamente ditos – que o mundo é selvagem, que a vida é imprevisível em sua magnanimidade e em seus perigos, que o mundo é maior que nossa imaginação? Lembro-me de um dia em que ele tinha saído para trabalhar, e eu estava sozinha na casa dele, escrevendo. Escutei um corvo passar voando, e o ar estava tão parado que cada lenta batida de suas asas era distintamente audível. Eu me perguntei na ocasião e me pergunto hoje como era possível eu abrir mão de tudo aquilo em troca do que as cidades e as pessoas têm a oferecer, pois devia ser menos terrível estar só do que se ver fora dessa concepção de ordem simbólica que o mundo de animais e luz celestial oferece, mas escrever já é algo solitário, uma confissão para a qual não há resposta imediata nem proporcional, a primeira declaração numa conversa que se cala ou tem lugar muito mais tarde, sem a presença da autora. Mas o melhor texto aparece como aqueles animais, repentino, sereno, dizendo tudo e nada ao mesmo tempo, palavras que se limitam com a ausência de palavras. Talvez o escrever seja seu próprio deserto, seu próprio ermo.

Existem momentos de harmonia que galgam o mesmo patamar da serendipidade, da coincidência, do além, e certos intervalos de tempo que parecem prenhes desses incidentes. Os verões e desertos parecem ser os mais adequados. Lembro-me de me deitar à sombra da minha caminhonete na Grande Bacia do Nevada e ler *A divina comédia*. Eu terminava os últimos versos do "Paraíso" – Dante se aproxima da luz e se deixa volver qual roda pelo "amor que move o sol e as outras estrelas" – quando chegou um carro. O padre franciscano que oficiava para os sem-teto de Las Vegas e para a causa da paz no deserto saltou do veículo, um santo cômico com um forte sotaque bretão que parecia ter vindo direto do paraíso e entrado naquele deserto que tanto se identificava com a narrativa de Dante. Ou daquela vez em que eu andava por um outro deserto quando pensei na ponta de flecha de obsidiana que eu encontrara naquela área no ano anterior, para recordar em seguida a ponta de flecha de sílex córneo e cor creme que um homem me presenteara tempos depois e, com essa última imagem na cabeça, olhei para baixo e vi sua irmã gêmea, uma outra ponta de flecha clara e de base larga, o par perfeito separado por 3 mil quilômetros de distância e um intervalo de seis meses, uma coincidência tão assustadora que minha noção de causa e efeito ficou abalada durante um dia inteiro. As inúmeras vezes que percorri centenas de quilômetros para encontrar uma pessoa amiga que chegou ao mesmo tempo que eu a nosso destino remoto, quando o que procurávamos apareceu de maneira inesperada, quando duas pessoas deram voz ao mesmo pensamento no mesmo instante, usando as mesmas palavras. Esses momentos dão a entender que nos entregamos à história que é contada e seguimos o enredo em vez de tentarmos narrá-lo nós mesmos, e nossa voz insignificante interrompe o destino, a natureza, os deuses para discutir com eles.

Em um dia perfeito no auge do verão, três anos após aquela noite em que entrei na vida do ermitão, e ele entrou na minha, eu me levantei cedo naquela choupana em que a janela do quarto dos fundos se abria para uma das vistas mais espetaculares em que eu já pusera os olhos e a janela da cozinha dava para um barranco, de tal modo que, enquanto eu enchia a chaleira, fiquei cara a cara com um tapiti jovem, sem nada a temer já que eu continuava invisível para ele atrás do vidro, com aquele olho redondo e escuro que espelhava o chaparro e os caixilhos da janela. O quintal estava tomado por coelhos naquele dia, então achei um enorme jabuti-do-deserto que se aproximava sem pressa das figueiras-da-índia para comê-las, como se tivéssemos topado por acaso com a fábula da lebre e da tartaruga, cujos temperamentos eu muitas vezes imaginava como o meu e o dele: ele, tão reservado, deliberado, paciente; eu, tão ligeira e nervosa. Contei a novidade ao vizinho e ao ermitão, os dois saíram e, bem à maneira dos homens, fizeram-me saber que já tinham visto jabutis daquele mesmo tamanho. Perguntei se já tinham visto algum jabuti maior, e eles ficaram calados, observando a criatura abrir a boca em forma de bico e cortar o cacto com vagarosa ameaça. Naquela noite, fomos alimentar os gatos de uma pessoa conhecida que viajara e, dentro da casa, encontramos as três criaturas caçando uma rola-carpideira que esvoaçava ensanguentada pelo cômodo espaçoso. Enquanto eu rechaçava os gatos, ele apanhou a ave, que desapareceu em suas mãos, e pelo jeito isso a acalmou até sairmos. Ele ergueu as mãos, e a rolinha voou na direção do último fiapo de luz, mais viva do que esperávamos.

Tamanho idílio não era para durar. Foi eterno durante algum tempo, então as coisas começaram a cair por terra. Não há história para contar, porque um relacionamento é uma história que os dois constroem juntos para nela residir, uma história tão acolhedora quanto uma casa. Inventamos essa história de como nossos destinos estavam fadados a se entrelaçar feito as trepadeiras do alpendre, adaptamo-nos a uma vista ampla numa direção e vista nenhuma na outra, o umbral que é preciso cruzar de cabeça baixa e a janela emperrada, de como quem pensamos que somos acaba concorrendo para formular quem pensamos que o outro é, e quem o outro pensa que somos, um castelo nas nuvens feito dos vapores exalados por sonhadores. É um choque ver-se lá fora, mais uma vez sozinha, é difícil imaginar que seria possível viver em outra casa, grande onde a outra era pequena, pequena onde a outra era grande, é duro quando o corpo já assimilou todas as curvas da escadaria a tal ponto que poderíamos percorrê-la dormindo, é duro quando a erigimos do nada e a chamamos de lar, difícil imaginar-nos construindo outra. Mas fomos nós mesmos quem começamos o incêndio que a pôs abaixo.

Um amor feliz é uma história só, um amor que se desfaz é composto de duas ou mais versões conflitantes e em competição, e um amor que se desfez jaz a nossos pés feito um espelho partido, e cada caco reflete uma história diferente, de que foi maravilhoso, de que foi terrível, se ao menos isto tivesse acontecido, se ao menos aquilo não o tivesse. As narrativas não se encaixam mais, é o fim das histórias, esses recursos que carregamos feito conchas, blindagens, antolhos e, às vezes, feito mapas e bússolas. As pessoas próximas se tornam espelhos e diários nos quais registramos nossa história, os instrumentos que nos ajudam a nos conhecer e a lembrar de nós mesmos, e fazemos a mesma coisa por elas. Quando elas somem, desaparecem também o uso, o apreço, a compreensão daquelas pequenas anedotas, bordões, brincadeiras: tornam-se um livro que a gente fecha com força ou toca fogo. Embora eu tenha saído daquela casa transformada, mais forte e segura do que antes, e levando comigo mais conhecimento a respeito de mim mesma, dos homens, do amor, dos desertos e dos ermos.

As histórias se estilhaçam. A gente as veste até o fim ou as deixa para trás. Com o passar do tempo, a história ou a memória perde seu poder. Com o passar do tempo, a gente se torna outra pessoa. Somente quando o mel vira pó é que nos vemos livres. Parti no verão, de volta ao deserto para onde eu me dirigia quando fiz aquele desvio até a casa dele na noite do rato-canguru tantos anos antes. O sofrimento amoroso lembra um pouco o apaixonar-se, no sentido de que imbui tudo com uma espécie de incandescência, como se o ser amado saísse da frente e nosso olhar agora repousasse, com a mesmíssima força, sobre todos os elementos da vista que a pessoa obstruía. Naquela casinha no deserto, um daqueles insetos chamados bicho-pau fez morada numa das janelas e, depois que eu o cutuquei para ver se não era uma palhinha extraviada, dei para conversar com ele de quando em quando, tão boa era sua companhia. Uma aranha com a imagem de um rosto estupidamente sorridente em seu grande abdômen branco habitava o beiral acima da porta que eu cruzava para escrever. Os marimbondos faziam seus ninhos naquele beiral. Em toda a volta da casinha os gafanhotos-do-milho esticavam suas asas, negras, amarelas e escarlates, coloridos feito borboletas quando voavam, pardos novamente quando pousavam. Mamangavas aterrissavam nas equináceas que, com o peso, dobravam-se até quase tocar o chão. De quando em quando, passava uma formiga-feiticeira revestida de pelúcia vermelha ou amarela, e besouros pretos de traseiro empinado deixavam diminutos rastros na poeira.

Havia lagartos em abundância e, quando eles subiam pelas telas das janelas, eu me deliciava como sempre com as listras cerúleas no ventre da espécie que costumávamos chamar de barriga-azul. Viviam-se afogando no cocho embaixo da calha, onde boiavam pálidos e desafortunados feito marinheiros num poema de naufrágio vitoriano. Ao longe dava-se o drama celestial das tempestades de verão, nuvens que se congregavam em vastas formações que demonstravam a distância e a altura a que o céu chegava, que mudavam dos fardos de cúmulos brancos para o azul carregado das nuvens de tempestade, e que, com um pouco de sorte, despejavam chuva, relâmpagos, feixes de luz e rastros de vapor com a violência de uma redenção. Era como se o mundo inteiro consistisse do reino diminuto e próximo dessas criaturas e das distâncias vastas do firmamento, como se tivessem eliminado minha escala quando sumiram com o meio-termo, e esse também é um dos luxos austeros do deserto.

No outono, voltei à cidade e comecei a compor uma história na minha cabeça. Eu já estava trabalhando num livro na ocasião, e, não fosse isso, eu a teria colocado no papel. Hoje se encontra tão arruinada quanto talvez estivesse um livro de verdade depois de ser enterrado ou abandonado, e, quando penso no que restou, eu me pergunto quais intempéries da mente erodem de tal maneira essas coisas.

Há quem descreva o filme *Um corpo que cai* de Alfred Hitchcock como uma carta de amor a São Francisco, embora seu tema seja o romance entre o protagonista, um ex-investigador de polícia que sofre de vertigens, e a mulher que ele foi contratado para seguir. A mulher deveria ser Madeleine, a herdeira que se casou com o colega de faculdade do protagonista, Gavin Elster. Elster contrata o policial para seguir a mulher e, num monólogo excluído da película[1], afirma que, ao trazer a esposa para São Francisco:

1. Citado em Jeff Craft e Aaron Leventhal, *Footsteps in the Fog: Alfred Hitchcock's San Francisco*, 2002.

> [...] [ela] parecia uma menina de volta à casa. Tudo aqui na cidade a empolgava: ela tinha de percorrer todos os morros, explorar a orla do oceano, ver todas as casas velhas e andar por todas as ruas antigas; e, quando encontrava algo que não havia mudado, algo que ainda era o que fora outrora, seu deleite era tão intenso, tão encarniçadamente possessivo! Essas coisas eram dela. E, no entanto, era sua primeira vez aqui [...].

"Ela a possuía", diz ele sobre o relacionamento da mulher com a cidade.

> Aí, certo dia, ela mudou mais uma vez [...] e foi tomada por um suspirar sem tamanho, seus olhos se anuviaram. Não sei o que aconteceu naquele dia, aonde ela foi, o que viu, o que fez. Mas naquele dia a busca chegou ao fim. Ela encontrara o que vinha procurando. Estava em casa. E alguma coisa na cidade a possuiu.

Era supostamente assombrada por sua ancestral latina que havia morrido abandonada e louca, a concubina traída de um ricaço de São Francisco. A Madeleine do filme veste um *tailleur* cinza-claro, traz os cabelos tão louros que parecem quase brancos, dirige um Jaguar verde, é fria, misteriosa, uma aparição esquiva para o policial seguir.

E ele a segue até a base da ponte Golden Gate, onde ela se atira nas ondas, ao Palácio da Legião de Honra da Califórnia em Land's End, no noroeste bravio da cidade, ao verde cemiteriozinho de Missión Dolores, pelas ruas do centro, de tal modo que o enredo é uma ficção, mas o filme é uma evocação de lugares reais, todos familiares para mim, embora ali se apresentem como eram antes de eu nascer. Ele a acompanha até um bosque de sequoias onde uma daquelas toras cortadas transversalmente se torna um mapa do tempo profundo – ela aponta dois anéis em um tronco de árvore do século XIX e comenta: "Aqui eu nasci" e "aqui eu morri". Por fim, eles vão a uma outra missão afastada onde ela comete suicídio atirando-se do alto do campanário antes que ele, afligido pela vertigem, consiga subir a escada atrás dela. Enquanto se recupera de seu subsequente colapso, ele conhece uma vendedora de cabelos acobreados da elegante loja de departamentos Magnin's no centro da cidade e, chocado com a semelhança da jovem com Madeleine, passa a sair com ela, veste-a em vez de despi-la, e a obriga a chegar cada vez mais perto de se tornar Madeleine. Dividida entre o amor e o bom senso, ela cede. Por fim, quando Judy já tem os mesmos cabelos platinados, o mesmo *tailleur* cinza da primeira mulher que ele havia seguido e temerariamente usa um colar que pertencera àquela mulher, ele percebe que ela era Madeleine, ou melhor, que Madeleine nunca existiu, que ele se havia apaixonado por um ardil para encobrir o assassinato da verdadeira Mrs. Elster, atirada do alto da torre que ele, por causa da vertigem, não conseguira subir. O plano foi urdido por Elster quando a vendedora ainda era sua amante, mas ela se viu descartada logo em seguida, e volta a ser descartada de uma outra maneira pelo policial determinado a fazer com que ela se torne outra pessoa, alguém que já morreu. Ao perceber a trama, ele a obriga a voltar à plataforma sem parapeito do campanário de onde Mrs. Elster foi empurrada e morta, e, assustada com a sombra de uma freira que surge atrás deles, ela recua e morre mais uma vez.

Um corpo que cai é uma tragédia intricada, comparada por vezes a Shakespeare, apesar de talvez se aproximar mais de *O grande Gatsby*, pois o policial deseja em parte a condição aristocrática da moça, o subterfúgio de cores frias que ele segue até as raias da morte, o inalcançável que, para Gatsby, é a luz verde na ponta do ancoradouro de Daisy, e, para o autor de *Gatsby*, é o passado irrecuperável, o futuro orgástico, o famoso seio verde e dadivoso do próprio continente. Existem romances parisienses nos quais o amor de uma mulher e o amor da cidade se tornam a mesma paixão, mas uma paixão solitária em que flanar, espreitar, perseguir são consumação, e a comunhão verdadeira é inimaginável. Talvez valha o mesmo para *Um corpo que cai*, talvez Madeleine se torne o que um dos poetas ruins de São Francisco certa vez chamou de "a cidade cinza e fria do amor"[2], mas nem herói nem heroína parecem reparar muito nos lugares que a câmera afaga e sonda. Narrado do ponto de vista do homem, *Um corpo que cai* transborda bruma romântica, mas, do ponto de vista da mulher, trata-se de ser forçada a desaparecer – não do alto de uma torre, mas da vida cotidiana, pois dois amantes em sequência a transformam em outra pessoa para seus próprios fins, uma tragédia bem comum.

A maioria dos siris e caranguejos já vem com a própria carapaça, mas os corpos assimétricos dos ermitões costumam ser descritos como moles e vulneráveis. Eles passam a viver nas conchas de caramujos, bucinídeos, litorinas e moluscos semelhantes, o corpo acompanha as curvas de seu novo lar, e uma série de apêndices internos seguram a concha enquanto as grandes pinças externas procuram comida e defendem o caranguejo do mundo lá fora. O ermitão, agarrado a uma das pontas, enquanto, na outra, é ele quem agarra. A criatura cresce e acaba ficando maior que a concha, então chega o momento arriscado a que se dá o nome de muda, quando o caranguejo troca de concha. Algumas vezes, ele examina uma nova concha antes da muda, e, caso esta não sirva, ele volta a se enfiar na antiga; outras vezes, ele expulsa um outro ermitão de uma concha de boa aparência ou devora uma criatura morta para desocupar a concha. São comedores de carniça que rastejam

2. A autora se refere ao poema de George Sterling, "The Cool, Grey City of Love". [N. T.]

no fundo do mar. Os machos costumam arrastar as fêmeas pelas pinças, levando-as a toda parte e rechaçando os pretendentes rivais até as fêmeas mudarem. Só se conseguem acasalar quando elas trocam de concha. Seus filhotes minúsculos são levados pelas correntes até chegarem a um estágio em que descem ao leito do oceano e precisam encontrar rapidamente uma concha que os proteja, para assim começar a vida adulta. Muitas histórias de amor são como as conchas dos ermitões, apesar de outras serem mais semelhantes aos náutilos divididos em câmaras internas, com uma arquitetura que se expande com o crescimento do habitante e cujas câmaras menores e já abandonadas são mais leves que a água e permitem-lhes flutuar.

Eu voltara a assistir a *Um corpo que cai* no cinema mais ou menos um ano antes disso, e uma cena me havia cativado. Na primeira cena, o policial quase morre ao sofrer uma queda, o incidente que causa suas vertigens; na segunda, ele está na casa de uma velha amiga. Ela mora num apartamento com desenhos e pinturas pendurados em toda parte, exceto nas janelas que se abrem para vistas panorâmicas da cidade lá embaixo, ganha a vida desenhando *lingerie* e o chama de Johnny, ao passo que os demais o tratam por Scottie. Enquanto ele nada faz, ela joga conversa fora e esboça um sutiã, uma "novidade revolucionária" projetada com base "no princípio da ponte suspensa", o corpo como paisagem vertiginosa, os seios uma ponte Golden Gate da qual se atirar. Midge tem os cabelos quase tão louros quanto os de Madeleine, mas os óculos grandes, a praticidade do penteado curto e o apelido garantem que ela nada terá de sedutora. Sua voz, porém, lembra um sorvete de baunilha, e quando o detetive reclama do colete que ele usa por causa das costas lesionadas e se pergunta se muitos homens usam espartilho, ela responde: "Mais do que imagina". Ele se empertiga na poltrona e pergunta: "Você sabe disso por experiência própria?". Ela ri e muda de assunto.

Apesar de repleta daquilo que os franceses chamam de *jouissance*, um gozo erótico, ela não existe no romance francês a partir do qual *Um corpo que cai* foi adaptado. Foi inventada por um roteirista norte-americano. Muitos que escrevem a respeito do filme parecem esquecer que foi ela quem rompeu o noivado com o policial, como a cena lá no começo revela, e até os roteiristas e o diretor parecem esquecer esse fato mais adiante, quando ela se torna uma personagem muito mais convencional, com sua triste e malograda devoção a Scottie. E. M. Forster escreveu que os romances têm personagens esféricas e planas, e que as planas costumam ser figurantes, mas *Um corpo que cai* é um filme em que um Tristão e uma Isolda bidimensionais passam pelo primeiro plano enquanto essa figurante esférica faz uma aparição surpreendente. Ela é um convite para seguir numa direção diferente da tragédia da película, pois, embora o filme se mostre apaixonado por São Francisco, ela é a única personagem que realmente parece imersa nas possibilidades da cidade, e, apesar de os protagonistas terem como motivação a busca do prazer e da satisfação, ela parece viver cercada das duas coisas. Comecei a me contar uma história – um romance, caso a escrevesse – sobre Midge.

Quando eu tinha dezenove anos, escrevi – muito mal – uma peça. Uma mulher contratava um detetive para encontrar seu consorte desaparecido, e todas as cenas se davam no quarto dela. O detetive, por meio de suas investigações e das conversas com ela, passa a acreditar em vários momentos que o homem desaparecido nunca existiu, porque ela é louca, ou porque inventou a história para seduzi-lo, ou que ele é, de um jeito ou de outro, o tal homem, e que ele mesmo enlouqueceu. "Achados e perdidos", eu a intitulei. Tratava de desejos, enganos, de como ela usava a narrativa de ter perdido uma coisa para encontrar ou definir algo. Outras ficções passaram por minha cabeça em diversos momentos, e eu passava anos elaborando algumas histórias e certas personagens, mas não era para isso que eu tinha nascido. A não ficção me parece fotográfica: apresenta o mesmo desafio de encontrar forma e padrão no que já existe por aí e as mesmas obrigações éticas com o tema. A ficção, como a pintura, permite que você comece com uma tela em branco, mas, quando me pus a transformar aquela versão de *Um corpo que cai* numa história que chamei de "Slip", lembrei-me do tipo de verdade que a ficção traz: a dos princípios universais e detalhes reveladores, minúcias que podem contribuir com a história se você criar personagens em torno delas (nos ensaios, as ideias são protagonistas, e elas muitas vezes se desenvolvem tanto quanto as personagens até o surpreendente desenlace). Em "Slip", Midge era só o apelido de infância de uma mulher chamada Margaretta; e o policial, um namorado de infância que ela já havia superado.

Ela transitava por uma cidade que eu já conhecia, a cidade dos poetas e artistas *beat* de São Francisco que foram tema do meu primeiro livro, que teve como seu *annus mirabilis* 1957, quando *Um corpo que cai* foi produzido, anos antes de eu nascer. A São Francisco de Hitchcock era o retrato de um mundo fechado, uma espécie de estreito freudiano de desejo cego, mas a cidade escancarava outras possibilidades na época, o primeiro frescor de uma era de drogas alucinógenas, tradições espirituais esotéricas, cinema experimental, uma poesia mais licenciosa e livre criada para ser declamada em voz alta, a arte da colagem e da *assemblage*, feita dos verdadeiros escombros das antigas casas agora demolidas, o engajamento com o mistério da vida cotidiana e, às vezes, com a política – pessoas que erigiam comunidades nas quais talvez fosse possível criar uma outra cultura, uma outra arte, uma outra era. Margaretta parecia entrar no filme depois de sair desse outro mundo, e é ela quem conhece o proprietário da Argosy, a livraria alfarrabista, o homem que sabe contar ao policial a história da cidade. A cidade que tem o Buddha Bar e o botequim de nome Li Po em Chinatown, onde dragões de bronze oxidados se enrolam nos postes de iluminação, com as vielas ao sul da Market batizadas em homenagem a prostitutas do século XIX e as casas que afundam por causa do solo mole e dos terremotos, de tal modo que seus lintéis já estão à altura dos olhos, com todos os cimos de todos os morros que nos tiram da malha urbana para ver lá do alto o oceano, a baía, as colinas do outro lado da água, com o turbulento nevoeiro da noitinha avançando para o leste, passados os postes de luz, e naqueles tempos com o *jazz* no Fillmore e o parque de diversões decrépito com sua casa maluca, o *musée méchanique* e a sala de espelhos em Land's End, perto do restaurante Cliff House e os Penedos das Focas que aparecem em tantas fotografias antigas, esta cidade que a natureza enclausura e a imaginação torna acessível, cuja poesia percorre aquele filme.

Claro que uma história que tinha Midge como foco, e não como elemento marginal, precisava de um enredo e um novo centro de gravidade, por isso *Um corpo que cai* desaparecia aos poucos no pano de fundo dessa outra narrativa. Ela a contava, de trás para a frente, a partir de sua posição de pintora e mãe de uma filha em algum ponto da década de 1960, de volta à infância, crescendo com o policial – o filho do vizinho ali na península de São Francisco quando esta era o Vale das Delícias do Coração, pomares imensos e cidades pequenas, e não o Vale do Silício. *Slip*: a mãe toda empertigada dizendo-lhe que a combinação [*slip*] é algo que nos veem usar, mas que muda a aparência daquilo que todo mundo vê, combinações de cetim com o paisagismo das sebes de flores e folhas na renda à flor da pele. *Slip*: a *lingerie* que ela desenhava feito arquitetura, equivalente a pontes levadiças, portões e muros naquela grande era de cintas, modeladores, ligas e espartilhos, e uma cena de amor defloratória em que ela se escandaliza não com a nudez dele, mas com a sua própria, a pele macia impressa com todas as marcas deixadas por aquelas tiras, costuras e presilhas, os fantasmas das peças de roupa. *Slip*: Judy, modelo de *lingerie* além de vendedora da Magnin's, cruzando o caminho de Margaretta enquanto esta desenha a tal *lingerie*, e Judy não para de falar sobre si mesma; Judy deixando escapar [*slip*] a natureza do caso amoroso que vinha mantendo e com quem, e a decisão de Margaretta de ficar fora disso, que talvez seja a decisão errada. *Slip*: pequenos desenhos, pinturas, cartas, telegramas, recibos, e cartões-postais [*slips*] – ou tiras de papel – caindo das páginas de uma remessa de livros da livraria Argosy, uma autobiografia introduzida nessas obras como marcadores de páginas, e Margaretta que se põe a investigá-los a pedido do proprietário, atribuindo-os ao sobrinho e herdeiro do espólio de onde os livros saíram. *Slip*: o pintor cuja carreira havia aos poucos se desfeito [*slip*] durante seu confinamento num campo de prisioneiros para nipo-americanos na Segunda Guerra Mundial e as pinturas que incluíam a paisagem dos campos e da Sierra. O sobrinho tornava-se companheiro dela nessa exploração das possibilidades, um poeta que revisava textos para o jornal *Chronicle* enquanto ela era a pintora que desenhava *lingerie* para uma loja de departamentos no centro, duas pessoas que escorregaram [*slipped*] de suas vocações originais para a profissão de empetecar palavras e corpos. Inserções e extrações escorregadias, escorregadelas – *slipping in, slipping out, slippery.*

Existem pessoas para quem há apenas um sol no céu ou nas trevas, e existem aquelas que vivem em uma noite cheia de estrelas, era sua primeira frase, mais ou menos. Num bar, dizendo ao guarda-florestal com quem ela tinha um caso: *No que toca à natureza, estou apaixonada pelas forças elementares, pelo fogo e a água, a gravidade e a evaporação e as propriedades da luz, e a cidade tem tudo isso na mesma proporção. Está na maneira como o creme de leite desce em espiral até o fundo do café gelado, a fumaça do cigarro sobe e se enrosca, e derretem-se os cubos de gelo neste drinque. Eu me lembro de brincar no balanço do quintal quando menina e de assustar o Johnny – que morava na casa ao lado e achava que podia supervisionar-me só por ser um pouco mais velho – ao saltar no ápice da trajetória do pêndulo e cair com a saia inflada feito um paraquedas.* Ela parecia extrair prazer de todas as coisas, parecia ter uma sensualidade difusa espalhada por todo o mundo tangível, em gritante contraste com os protagonistas que perseguiam uma ideia convencional de satisfação eternamente adiada. E por isso dei a ela gravidade, aquela sensação que as crianças perseguem incansavelmente, repetidas vezes, no balanço, no giro da roda, no bambolê. Lembro-me de um motociclista que me falou das maneiras infinitamente sutis como os pilotos de corrida usam o corpo para fazer uma curva em alta velocidade e do prazer inacreditável que encontram nesses atos. A gravidade tem a ver com movimento, peso, resistência, força, a experiência mais primitiva depois do contato com a pele, ter um corpo. E, portanto, pode ser que a gravidade seja o doce sabor da condição mortal e a força que temos para resistir a isso, um deliciar-se indolente com a atração da terra e a tração dos músculos que a ela resistem, com a energia cinética gerada pelas duas e com a possibilidade de interrompê-la no último segundo, da mesma maneira que o sexo para as mulheres encerra a dupla possibilidade de procriação e aniquilação.

O filme aborda o medo da gravidade e da elevação. Fiz das duas um prazer para Midge. Ela vivia na parte ascendente da curva, enquanto tudo em *Um corpo que cai* tombava. Acima de tudo, dei a ela monólogos formais sobre o mundo dos sentidos, e é desses que me lembro. *No que toca à malha desta cidade, os pomares na península já me tinham ensinado os prazeres da geometria, da maneira como a gente se deslocava de modo que as diagonais que cruzavam as ameixeiras desapareciam e eram substituídas um minuto depois pelas retas, e quando a gente passava de carro, toda avenida surgia por um momento antes que a seguinte brotasse da massa de árvores, e eu adorava a maneira como dava para ver as árvores próximas passar muito mais rápido que as distantes, como se a gente estivesse na periferia de um círculo, e não em seu centro, como se o centro do mundo estivesse sempre próximo, mas a gente girasse em sua periferia feito a mosca pousada no disco da vitrola, muito embora a estrada fosse reta. Lições de perspectiva, como nas aulas de desenho, embora não fosse uma regra que nos ensinassem.* E, a respeito de um homem, mais tarde: *Não me lembro do rosto dele, mas todo homem que me tocava fazia um gesto que sempre ficava por terminar; sinto no meu ventre o antebraço daquele que chegou nadando por trás de mim no lago, o beijo indelicado de um outro na palma da minha mão, e por vezes penso que poderia haver um aparelho como aquelas máquinas de raios-X que usam nas sapatarias para nos examinar os pés, que poderia tornar visíveis essas impressões indeléveis, uma série de marcas, o oposto de contusões, dando-me a volta toda, e eu percorria o mundo trajada com essas experiências, como fazemos todos.*

Não há muito mais que eu me lembre desse livro que em certo momento pareceu tão completo na minha cabeça, embora eu não me conseguisse forçar a botar uma palavra que fosse no papel, por só querer começá-lo se tivesse como terminá-lo. Enredo, personagem, diálogo: tudo parece ter basicamente se apagado, deixando apenas contornos. Sei que ela e o revisor percorriam a cidade e seus bares, iam às festas dos artistas, discutiam vocações, e, por fim, entranhavam-se nas montanhas. A excursão culminante começava com a vontade dele de reaver os poemas que havia enterrado numa lata em Manzanar, o desolado campo de prisioneiros da Segunda Guerra Mundial no leste da Sierra Nevada para os nipo-americanos, com uma vista maravilhosa para os picos mais elevados. Mas, quando chegaram lá, ele já havia percebido que sua vocação não estaria enterrada no passado. Um casal de montanhistas que haviam conhecido num restaurante em Big Pine convidava os dois para subir com eles o vizinho monte Whitney, o ponto mais alto do continente entre o México e o Canadá, e eles deixavam Manzanar para aceitar o convite de última hora.

O estranho destino de Tirésias começou quando ele viu duas serpentes se acasalando no mato. Ele as atacou, e, por conta disso, foi transformado em mulher. Sete anos se passaram, e ele voltou a encontrar mais um casal de serpentes copulando, golpeou-as também e recuperou sua condição de homem. E, por ele já ter sido tanto homem quanto mulher, os deuses pediram-lhe que decidisse uma questão sobre qual dos sexos teria mais prazer nas relações sexuais, e, quando ele declarou que eram as mulheres, Hera se irritou e o deixou cego. Como compensação, Zeus concedeu-lhe o poder de ver o futuro, e Tirésias se tornou um profeta famoso. Ou, numa outra história, ele ficava cego por ter visto Atena se banhar, mas à guisa de desculpas ela tirava uma serpente de sua couraça e a fazia limpar com a língua os ouvidos dele, para que Tirésias entendesse a língua das aves proféticas. É Tirésias quem revela a Édipo os crimes que este cometeu e ainda estaria cometendo, é ele quem encerra esse ciclo com a cegueira e o exílio de Édipo, e é em *Édipo Rei* que ele faz sua principal aparição. Esse profeta que enxerga malgrado a cegueira, ao passo que Édipo nada vê, cego ou não, é muito mais interessante que Édipo, cujo mundo se fecha tão claustrofobicamente a seu redor que o desconhecido morto por ele é seu pai, e a rainha com quem se casa é sua mãe. A história de Tirésias não é uma tragédia, um enlace de personagem que só se desenreda com a morte e o exílio, mas uma romança que percorre um terreno com amplitude suficiente para incluir animais, deuses, desconhecidos, transformações. A palavra *romança* outrora significava esse tipo de demanda – "ger. heroica, aventureira ou misteriosa", informa meu dicionário. Essa acepção mais antiga sugere que a romança, no outro sentido – "(3): uma história de amor" –, também deve percorrer lugar e desejo. A comédia, dizia Aristóteles, termina com o casamento, mas, já que o casamento é diferente de um fim, a romança num dos sentidos ou em ambos é o que continua depois disso ou também degringola em tragédia. Margaretta – ou mesmo Midge, sem alteração – é o Tirésias de *Um corpo que cai.*

Eu os fiz subir o monte Whitney, mas o que viram lá? Eu ainda não havia escalado a montanha naquela época. Eu o faria mais tarde. Segundo o trajeto costumeiro, a gente começa a subir a partir de uma estrada a grande altitude na encosta oriental. A vista a leste, que fica às nossas costas durante a árdua escalada, só faz ficar maior. Lá pelos 3 mil metros de altitude, nosso olhar se estende pelo amplo vale entre a Sierra Nevada e a primeira cadeia das Montanhas Brancas. Depois de uma hora ou mais de subida, vê-se a próxima serra acima da anterior, e a paisagem desértica continua ficando cada vez maior, até nos flagrarmos observando depressão atrás de cordilheira atrás de depressão penetrando as profundezas longínquas de Nevada. A gente percebe que, por mais terreno que se percorra, há muito mais ainda a percorrer. Sempre se fala do montanhismo como se chegar ao cume fosse uma conquista, mas, à medida que vamos subindo, o mundo fica maior, e nos sentimos menor em comparação com ele, assoberbados e libertos pela quantidade de espaço a nosso redor, a quantidade de espaço para perambular, a quantidade de desconhecido. Passamos o dia todo naquela escalada exaustiva, com os olhos enfiados na encosta, na trilha, no zigue-zague da via, nos pinheirais e no que há acima deles, e a vista lá atrás foi-se ampliando aos poucos no norte, no sul, no leste. Algumas vezes as aves, as árvores, as pedras a nossos pés chamam nossa atenção para o perto, outras vezes olhamos diretamente para o aclive logo à frente, mas uma curva ou uma pausa nos permite enxergar mais uma vez a vastidão naquelas três direções, um manto infinito de ar que nos envolve as costas enquanto avançamos. Por fim, a quase 4 mil metros acima do mar, a gente chega não ao cume, que não seria uma mudança tão dramática, mas a uma crista. O Whitney é apenas o ponto mais alto de uma longa cordilheira. Ao botarmos os pés na cumeeira, o mundo a oeste surge de repente diante de nossos olhos, uma expansão colossal ainda mais bravia e remota que o leste, uma surpresa, uma dádiva, uma revelação. O mundo dobra de tamanho. Algo parecido acontece quando a gente enxerga de fato alguém e, sendo assim, terá algo a ver com a razão para todo mundo em *Um corpo que cai* continuar caindo. Não havia nenhuma queda, nenhuma tragédia no âmago de "Slip", apenas a passagem para toda essa vastidão.

O azul da distância

Quando penso no artista Yves Klein, penso nos absolutistas que o precederam em uma ou duas gerações, naqueles que desapareceram, penso no pugilista e poeta dadaísta Arthur Cravan que em 1918 deveria deixar o México para encontrar sua nova esposa na Argentina, e nunca mais foi visto; em Everett Ruess, o boêmio que poderia ter-se tornado artista ou escritor se não tivesse desaparecido nos desfiladeiros de Utah aos vinte anos de idade em 1934, deixando para trás uma última assinatura gravada na rocha: "Nemo" ou "ninguém"; na aviadora Amelia Earhart que desapareceu ao sobrevoar o Pacífico em 1937; no piloto Antoine de Saint-Exupéry, que deixou vários livros lapidares antes de seu avião também desaparecer no Mediterrâneo em 1944. Sobre todos eles recaía um desejo de aparecer no mundo e um desejo de ir o mais longe possível, que era uma vontade de desaparecer. Na ambição estava o desejo de refazer o mundo como este deveria ser, mas nos desaparecimentos estava o desejo de viver como se o mundo tivesse sido refeito, de se recriar como herói que desaparecia não só no céu, no mar ou nos ermos, mas também num conceito de eu, nas lendas, nas alturas da possibilidade.

Klein, que era acossado pelas ambições mais grandiosas e as tendências mais místicas, que aos vinte anos alegava ter assinado o céu como sua obra de arte, que era obcecado com o voo, a levitação e a imaterialidade, e também com o céu e a cor azul que o significava, adorava a lenda do Santo Graal, mais uma história de desaparecimento, já que os cavaleiros que demandam pelo Graal e são puros o bastante para se ver diante do cálice nunca retornam. Somente os pecadores, os imperfeitos, aqueles que não se transformaram completamente voltam para contar a história. Yves Klein[1] nasceu no sul da França em 1928, e seus pais eram artistas, embora sua burguesa tia Rose tenha feito mais pela criação dele do que os tais pintores sem dinheiro ou domicílio fixo, e caberia a essa tia financiar tantas aventuras do sobrinho. Quando ele ainda era um bebê, a tia e a mãe dedicaram-no à guarda de Santa Rita de Cássia, a padroeira das causas perdidas, e o próprio Klein, que conseguia conciliar seu vanguardismo com o misticismo medieval, fez quatro peregrinações ao santuário de Rita de Cássia na Itália depois de adulto. Ou depois de crescido, porque pelo jeito nunca deixou de ser uma criança em certos aspectos, mimado, petulante, sem paciência para restrições, mas também festivo, generoso, brincalhão e imaginativo.

As duas grandes influências de Klein entraram em sua vida no ano em que ele completou dezenove anos. Uma delas foi o *Conceito rosa-cruz do cosmos*, a bíblia da Ordem Rosa-cruz, de autoria de Max Heindel, que viria a ler e reler na década seguinte. Nos três ou quatro anos que se seguiram, Klein receberia pelo correio ensinamentos semanais da Sociedade Rosa-cruz de Oceanside, Califórnia. No caos da guerra e de suas próprias vidas itinerantes, os pais permitiram que ele largasse a escola em tenra idade, e o fascínio dele por esse livro específico parece ter um quê da estreiteza mental de quem não adquiriu grande repertório e se deixa afetar com tamanho vi-

....

1. As referências a respeito de Yves Klein são, entre outras: o catálogo de 1982 do Institute for the Arts da Rice University, *Yves Klein, 1928-1962: A Retrospective*, que inclui o espetacular ensaio de Thomas McEvilley; o livro de Nicholas Charles, *Yves Klein*, 2000, com prefácio de Pierre Restany, amigo de Klein; e o volume *Yves Klein* de Sidra Stitch, 1994.

gor por apenas uma fonte, uma versão. Uma seita mística cristã com raízes medievais, a Rosa-cruz representava o mundo em termos utópicos e alquímicos. Forma e matéria eram, do ponto de vista de Heindel, limitações e obstáculos à liberdade e à unidade do espírito puro, e Klein faria uma arte que encarnaria o amorfo e o imaterial. Naquele primeiro ano de estudos rosa-cruzes, no qual se juntaram a ele seus amigos Claude Pascal e Armand Fernandez (que ficaria famoso como o artista Arman), os rapazes tentaram estabelecer para si uma vida ascética, meditando, jejuando, abraçando o vegetarianismo, apesar de também escutarem *jazz*, dançarem o *jitterbug* (uma foto mostra Klein, com cara de menino, girando uma moça nos ombros) e, de quando em quando, violarem seus votos de castidade. Certo dia, dividiram entre eles o mundo: num dos relatos, Arman ficava com os animais, Pascal com o reino vegetal, e Klein reivindicava o céu. Na imaginação ele já viajara para o outro lado do céu, "o lado sem pássaros, sem aviões, sem nuvens, somente o Espaço em sua pureza e irredutibilidade", escreve o crítico de arte Thomas McEvilley, e o assinara. Sua ambição também era ilimitada.

A outra grande influência foi o judô, que ele começou a praticar naquele mesmo ano. Tinha talento para a coisa, e a maneira como as artes marciais asiáticas transmitiam tanto a disciplina mística quanto os poderes dos guerreiros combinava bem com ele. Também pode ser que se encantasse com algo no modo como o judô ensinava seus praticantes a voar, seja no ar ou em terra, e a transportar outras pessoas da mesma maneira. Durante alguns anos, ele entendeu o judô como a arena na qual se tornaria supremo, e sonhava em cruzar a Ásia a cavalo até o Japão para estudar a arte. Mas, no fim das contas, apesar de ter passado três meses na Irlanda aprendendo a montar e a lidar com cavalos, ele embarcou para o Japão com a passagem comprada por sua tia. Financiado pela tia Rose, ele passou quinze meses lá, e, embora tivesse começado a criar pequenas pinturas monocromáticas e a exibir sua obra e também a de seus pais, ele se concentrou cada vez mais no judô. Queria tornar-se faixa preta quarto *dan*, um grau de maestria que poucos na Europa haviam conquistado, vencer o campeonato europeu e dominar a federação francesa de judô. Ele trabalhava muito, aumentando sua energia com as anfetaminas que ainda eram lícitas no Japão e na França, e a droga parece ter-se tornado uma parte do que ele viria a ser o resto da vida: inquieto, cheio de energia, insone, prolífico, imprevisível e grandioso. Com talento, um esforço sem tamanho e um pouco de manipulação, ele conseguiu a faixa preta quarto *dan* e embarcou de volta à França, mas lá suas ambições não renderam os frutos que ele imaginava (e essa é a última acepção de perdido: perder uma competição, como na frase os Giants de São Francisco perderam o campeonato de beisebol). E assim começou sua carreira artística.

Essa carreira, porém, ele a começou numa espécie de pináculo. A obra que produzia exigia pouca habilidade técnica, mas uma compreensão brilhante das ideias e do mundo da arte, e isso ele já tinha. Os rosa-cruzes pregavam uma doutrina da cor, e Klein adaptou essa ideia de reinos de cor pura, e de cor como reino espiritual, para começar suas monocromias. Embora no princípio pintasse telas laranja e azuis e se acabasse fixando numa trindade de ouro em folha, rosa vivo e azul forte, caberia ao azul ocupá-lo e defini-lo, o azul da maioria de suas pinturas. Azul, a cor que representa o espírito, o céu e a água, o imaterial e o remoto, tanto é que, por mais tátil e próxima que seja, trata sempre de distância e desencarnação. Por volta de 1957, ele usava apenas essa cor, um pigmento ultramarino puro misturado a uma resina sintética que, diferente da maioria dos veículos líquidos, não diluía a cor carregada e vibrante.

Essa fórmula, ele viria a patenteá-la como IKB – International Klein Blue (e a reconhecer e celebrar a monomania de centenas de pinturas da mesma cor, compondo uma sinfonia formada por uma nota apenas, contando a parábola de um flautista que durante anos tocara uma nota só, a correta, a bela, aquela que dava acesso aos mistérios). "Com esse azul", escreve um crítico, "Klein enfim se sentia capaz de emprestar expressão artística à sua concepção pessoal da vida como reino autônomo que tinha como polos idênticos a distância infinita e a presença imediata." Ele afirmava que sua obra azul anunciava o começo de *l'époque bleu*, a Idade Azul, e sua primeira exposição significativa trazia esse título. Realizada em Milão em 1957, apresentava onze pinturas azuis, todas sem elementos, todas do mesmo tamanho e cada uma com um preço diferente - e, portanto, a obra operava no reino empírico das ideias e como subversão no mundo do comércio. Quando a mesma exposição foi realizada em Paris, soltaram-se mil e um balões azuis no céu noturno.

As pinturas azuis eram tanto objetos que se podiam criar e vender quanto janelas para os reinos sem fronteiras do espírito. Mas havia maneiras mais diretas de se chegar a esse reino. Para sua segunda mostra parisiense, *Le vide* [O vazio], ele livrou a galeriazinha de tudo que antes continha e a limpou meticulosamente. Depois de fazer sua primeira visita ao santuário de Rita de Cássia - "acho que essa exposição do Vazio é um tanto perigosa" -, ele pintara a galeria de puro branco num intervalo de dois dias enquanto, mentalmente, invocava forças imateriais, que ele descrevia como

> [...] um estado pictórico palpável nos limites de uma galeria de arte. Em outras palavras, criação de uma atmosfera, um verdadeiro clima pictórico e, por conseguinte, invisível. Esse estado pictórico invisível dentro do espaço da galeria deve ser tão presente e dotado de vida autônoma que deve ser, literalmente, o que até então era considerado a melhor definição geral de pintura: "radiância".

Duas ou três mil pessoas a visitaram; membros da Guarda Republicana, que normalmente só escoltavam altos dignitários, postavam-se à entrada; a polícia e o corpo de bombeiros apareceram por causa da multidão; foi um evento absurdamente bem-sucedido, mas continua discutível o que foi que os espectadores pensaram ter visto na galeria vazia: Albert Camus escreveu no livro de visitas, "com o vazio, plenos poderes", fazendo um trocadilho com a inanidade e a plenitude. A tintura azul nos coquetéis servidos na mostra *Le vide* fizeram todos que os beberam mijar azul dias a fio.

Ele vendeu dois quadros imateriais nessa mostra e mais tarde desenvolveu uma transação formal para vender o acesso ao imaterial: o preço de uma *Zona de sensibilidade pictórica imaterial* se pagava em ouro, metade do qual ele atirava imediatamente num rio, no oceano "ou em algum lugar na natureza onde ninguém conseguirá reavê-lo", para devolvê-lo à vida. Para completar o ritual de desaparecimento e desapego, os compradores eram obrigados a queimar o recibo preenchido com o nome dele e todos os pormenores da aquisição, de modo que terminavam exatamente de mãos vazias. Venderam-se várias dessas *Zonas*. Sua obra antevia muitos dos conceitos e atos de movimentos artísticos ainda por nascer, de conceitualistas, minimalistas, artistas performáticos e do movimento Fluxus. Seu *Salto no vazio* de 1960, de certo modo o clímax de toda a sua obra, foi em vários aspectos o mais típico, pois combinava o ato de transcendência mais sublime com travessura, acrobacia e autopromoção.

Uma prancha do atlas de 1513 de Waldseemüller representa nitidamente o Atlântico central, a Espanha e o bojo ocidental da África, mas o encontro superior direito da América do Sul não passa de um litoral repleto de nomezinhos e fozes; e, em letras muito mais destacadas, cobrindo o que hoje é a

Venezuela e o Brasil, "*Terra Incognita*", terra desconhecida. A expressão era comum nos mapas antigos – mesmo um atlas meu de 1900 assinala uma parte da Amazônia como "inexplorada" – e hoje raramente é encontrada. Entre as palavras fica o silêncio; em volta da tinta, a brancura; atrás de cada informação no mapa está o que ficou de fora, o que não foi mapeado nem se pode mapear. Um desses atlas municipais ou estaduais pormenorizados que mapeiam etnia, escolaridade, principais culturas e porcentagem de habitantes de origem estrangeira deixa claro que qualquer lugar pode ser mapeado de infinitas maneiras, que os mapas são extremamente seletivos. Todo mês surge um novo mapa da cidade de Las Vegas, porque o lugar cresce tão rápido que os entregadores precisam de atualizações constantes do traçado das ruas, e isso também nos lembra de que os mapas não podem ser proporcionais à sua matéria, que mesmo um mapa rigoroso até a última folha de grama perderia a precisão tão logo a grama fosse aparada ou pisoteada. Não há como mapear o Grande Lago Salgado com a precisão que seja, pois ele fica numa depressão rasa e sem drenagem: a mínima alteração no nível da água se transforma numa modificação vasta de suas margens.

Jorge Luis Borges escreveu uma parábola sobre alguns cartógrafos que acabam criando um mapa na escala 1:1 e que cobria boa parte de um império que ficou por nomear. Mesmo na escala 1:1, o mapa bidimensional seria inadequado para representar os estratos de existência de um lugar, suas muitas versões. Portanto, o mapa das línguas faladas e o mapa dos tipos de solo examinam a mesma área de maneiras diferentes, assim como o freudianismo e o xamanismo descrevem de maneiras diferentes a mesma psique. Nenhuma representação é completa. Borges tem um conto bem menos conhecido no qual um poeta descreve tão perfeitamente o vasto e intricado palácio do imperador que o monarca se enfurece e passa a considerá-lo um ladrão. Numa outra versão, o palácio desaparece quando o poema o substitui. O poema descritivo é um mapa perfeito, o mapa que é o próprio território, e o conto relembra um outro mais antigo sobre o pintor cativo que, às ordens do imperador chinês, pinta uma paisagem tão deslumbrante que consegue escapar entranhando-se nela. Essas parábolas afirmam que a representação é sempre parcial, caso contrário não seria representação, e sim uma espécie de duplo obsedante. Mas os espaços de *terra incognita* nos mapas dizem que o conhecimento também é uma ilha cercada por oceanos de desconhecido. Demonstram que os cartógrafos sabiam que não sabiam, e a consciência da ignorância não é simples ignorância: é a consciência de que o conhecimento tem limites.

O cartógrafo do século XVIII Jean-Baptiste Bourguignon d'Anville[2] declarou: "Destruir conceitos falsos antes de qualquer outra coisa é uma das maneiras de construir o conhecimento". Reconhecer o desconhecido é parte do conhecimento, e o desconhecido é visível como *terra incognita*, mas invisível como seleção – o mapa que mostra terras agrícolas e cidades principais não mostra as falhas tectônicas nem os aquíferos, e vice-versa. Uns 150 anos depois de Cristo, um romano chamado Crates fez um globo baseado na teoria de que a terra tinha quatro continentes, três deles desconhecidos. Por volta da mesma época Ptolomeu desenhou o atlas que, durante um milênio e meio, foi referência no que dizia respeito à geografia do mundo. Afirma um historiador da cartografia:

2. As referências que tratam da história da cartografia são, entre outras: Peter Whitfield, *New Found Lands: Maps in the History of Exploration*; R. A. Skleton, *Explorer's Maps*, 1958; Lloyd Arnold Brown, *The Story of Maps*, 1949; John Leighly, *California as an Island: An Illustrated Essay*, 1972; Glen McLaughlin e Nancy H. Ma, *The Mapping of California as an Island*, 1995; e o livro de 2004 de Peter Turchi, *Maps of the Imagination: The Writer as a Cartographer*, onde encontrei a citação de Jean-Baptiste Bourguinon d'Anville.

> Ptolomeu divergiu da concepção grega padrão do mundo habitado. Ele abandonou a ideia de um mundo circundado por água (no sentido restrito empregado por Homero), de um "*oceanus*" circunfluente e relativamente próximo. Em vez disso, reconheceu a possibilidade e a probabilidade de *Terra Incognita* passados os limites de suas fronteiras arbitrárias. Em outras palavras, ele franqueou a questão a novas investigações.

Antes de Crates e Ptolomeu, os mapas descreviam um mundo conhecido e cercado de água, e a complacência que devia acompanhar essa ideia de que o mundo era circundado – no sentido náutico da palavra – deve ser hoje a nossa presunção de que um mapa-múndi apontar "*Terra Incognita*" é improvável.

No mapa das Américas de 1544 de Sebastião Caboto, a América do Sul inteira foi delineada, assim como a América Central e a costa leste dos EUA. É um mapa lindo à moda da época: pessoas de pele escura e da altura de províncias andam pelo continente meridional, dois ursos brancos e maiores que Cuba e o Haiti caminham no sentido oposto, para oeste, cruzando o continente setentrional, e moitas que fariam cadeias de montanhas parecer nanicas pontilham as massas de terra. Mas a costa oeste dos EUA começa a se dissolver onde se inicia a Califórnia. Passada a Baixa Califórnia, a linha simplesmente cessa, como se o mundo ali ainda não estivesse pronto, como se fosse nem terra nem água, como se o criador ainda não tivesse terminado aquela parte do planeta, como se tanto a substância quanto a certeza se dissolvessem ali, e a expressão "*Terra Incognita*" se espalhasse por toda essa vastidão não identificada. Num mapa desenhado por Gastaldi dois anos depois, a Ásia se encaixa como peça de quebra-cabeça no vazio do Oeste norte-americano, de tal modo que a gente tem a impressão de que poderia andar do Tibete ao estado de Nevada (que ainda não tem nome nem foi assinalado) numa reta só. Estranhas formas lanosas que lembram lagartas ou nuvens pontilham o continente, e mais nuvens revoltas escapam pelas beiradas da terra redonda. O Pacífico propriamente dito aparece nos mapas mais tardios, mas uma mítica ilha de Java por vezes surge em cima dele, muito maior que a ilha à qual tocaria esse nome. Brasil, Amazônia e Califórnia também são lugares reais batizados em homenagem a locais imaginários. Nesse Pacífico, a Califórnia foi durante muito tempo retratada como uma enorme ilha próxima à costa oeste da América do Norte, e a costa noroeste desse continente continuava por desenhar, um dos últimos trechos de *Terra Incognita* para os europeus que mapearam o mundo.

Imaginar que se sabe povoar o desconhecido com projeções é muito diferente de saber que não se sabe, e os mapas antigos retratam esses dois estados da mente, os shangri-lás e as *terrae incognitae*, a costa noroeste desconhecida da ilha imaginada da Califórnia (cuja costa oeste, apesar disso, foi desenhada com alguns nomes e detalhes precisos). Quando alguém falta a um encontro, as pessoas que o esperam às vezes contam histórias sobre o que poderia ter acontecido e quase chegam a acreditar na deserção, no sequestro, no acidente. A preocupação é uma maneira de fingir que a gente tem ciência ou controle daquilo que a gente não tem – e me surpreendo, até comigo mesma, com quanto preferimos essas possibilidades pavorosas ao desconhecido em estado bruto. A fantasia talvez seja aquilo com que preenchemos os mapas em vez de dizer que eles também contêm o desconhecido.

Na Grécia antiga, Heródoto falava dos atarantes do deserto africano, uma tribo que se virava sem nomes, sem carne e sem sonhos, e relatava que o leste da Líbia (como então se chamava o noroeste da África) ostentava "cinocéfalos e acéfalos, que possuem, segundo afirmam os líbios, olhos no peito; veem-se também ali homens e mulheres selvagens, e uma multidão de monstros fabulosos"[3]. Várias centúrias depois, no século III d.C., Solino situava na Ásia homens com patas de cavalo que, à guisa de roupas, tinham o corpo coberto pelas orelhas; aves que emitiam luz na Alemanha; e hienas cuja sombra roubava o latido dos cães na África. Mesmo em 1570, Abraham Ortelius fez um mapa-múndi mostrando um grande continente imaginário, a tal Terra Australis, concedendo-lhe um Rio de Ilhas, uma Região dos Papagaios e outras características totalmente inventadas. A Terra Australis só foi descartada em definitivo pela segunda expedição do capitão Cook de 1772 a 1775, da mesma maneira que a mítica Passagem Noroeste caiu por terra com sua última viagem (pode ser que o aquecimento global ainda a torne real).

Século XIX adentro, as pessoas continuaram a procurar lugares inventados, fruto da imaginação e do desejo. Já se havia descoberto que a mágica Cibola, cujo nome aparece acima do Novo México nos mapas antigos, era apenas o Kansas, que o Paraíso terrestre não ficava na América Central como pensava Colombo, assim que ele admitiu que as formas de relevo que encontrara não eram a Ásia. Mas mesmo na década de 1840, John C. Fremont alegava procurar o rio Buenaventura que ia do Grande Lago Salgado ao Pacífico. Uma via aquática que cruzava ou, à semelhança da perene fantasia da Passagem Noroeste, ficava acima do continente era um desejo antigo que foi abandonado com relutância, e a Caravana Donner pereceu em parte por causa de uma descrição malfeita de um atalho que cortava os trechos ocidentais de Utah e entrava na região inexplorada que havia tempos era chamada de o Grande Deserto Americano. Tempos depois, o centro-sul de Nevada

3. Tradução para o português de J. Brito Broca, com base na versão de Pierre Henri Larcher do grego para o francês. Disponível em <www.ebooksbrasil.org/eLibris/historiaherodoto.html>. Acesso em: 23 ago. 2019. (N. T.)

continuava por mapear e explorar, uma das últimas áreas dos Estados Unidos contíguos a ser preenchida pelos agrimensores, e ainda no começo do século XX estava estranhamente em branco, apesar de em 1900 o estado se encontrar repleto de cidades mineradoras que não existem mais, Manse, Montgomery, Midas, Belleville, Reveille e Candelaria. Posteriormente, quando um grande trecho do tamanho de Gales virou a Base Aérea de Nellis, com o Campo de Provas de Nevada em seu interior, o lugar onde mil bombas nucleares seriam detonadas ao longo das décadas feito pequenos sóis incendiários, os mapas civis muitas vezes deixavam a região totalmente em branco, como se tivesse retornado ao desconhecido.

O último mapa da Califórnia como ilha provavelmente foi traçado depois das viagens do capitão Cook, apesar de já ter sido descartada, na época, a teoria de que o Mar de Cortés seguia em frente até se unir ao Pacífico, em vez de ser o estreito que termina quando a Baixa Califórnia do México se torna a Alta Califórnia dos EUA. É estranho olhar para os mapas-múndi antigos e ver minha parte do continente como ilha, como vazio: o mapa de Nicholas d'Abbeville de 1650 mostra a Califórnia como ilha ao largo de uma costa que não se torna terra nem água; o mapa de Henricus Seile de 1652 dá um pouco mais de volume à costa noroeste dos EUA, mas se abstém de traçar a linha nítida da certeza. "*Terra Borealis Incognita*" dizem as letras maiúsculas que cobrem um trecho vasto. Mesmo o mapa da baía de São Francisco e adjacências de Pedro Font, datado de 1777, deixa em branco o interior ao norte do estreito Golden Gate [Portão de Ouro] (como Fremont viria a batizá-lo mais tarde), de modo que o território da minha infância ali é *terra incognita*.

No crescendo que levou à guerra recente no Iraque, com seus dois grandes rios centrais que são o que na terra mais se aproxima do paraíso bíblico e os quatro rios que dele partem, um dos carniceiros que defenderam a ideia de bombardear os civis de Bagdá disse:

> Existem conhecidos conhecidos. Existem coisas que sabemos que sabemos. Também sabemos que existem desconhecidos conhecidos. Ou seja, sabemos que existem coisas que desconhecemos. Mas também existem desconhecidos desconhecidos, aqueles que não sabemos que não sabemos.

Essa terceira categoria se acabaria revelando crucial nos espasmos e desastres da guerra. E o filósofo Slavoj Žižek[4] acrescentou que o carniceiro deixara de fora uma quarta expressão, "os 'conhecidos desconhecidos', as coisas que não sabemos que sabemos, que é exatamente o inconsciente freudiano, o 'conhecimento que não conhece a si mesmo', como dizia Lacan", e Žižek continua e afirma que "os verdadeiros perigos estão nas crenças repudiadas, nas suposições e nas práticas obscenas que fingimos desconhecer". Os espaços de *terra incognita* nos mapas dizem que o conhecimento também é uma ilha cercada de oceanos de desconhecido, mas se estamos em terra ou na água, já é uma outra história.

Em 1957, Yves Klein pintou um globo com seu azul forte e vibrante, e com esse gesto a coisa se tornou um mundo sem divisões entre países, entre o solo e a água, como se a própria terra se tivesse tornado o céu, como se olhar para baixo fosse olhar para cima. Em 1961, ele começou a pintar mapas em alto-relevo com o azul que era sua marca registrada, de modo que a topografia permanecia, mas as outras distinções desapareciam. Vários desses mapas representavam partes da França, mas um deles mostrava a Europa e o norte da África unidos.

4. A réplica de Slavoj Žižek a Donald Rumsfeld se encontra em "On Abu Ghraib", *London Review of Books*, 3 jun. 2004.

Pintados os continentes como massa contínua, as distinções sumiam, mesmo entre a Argélia e a França, que na ocasião estavam em guerra. "Klein usava a cor", escreve a historiadora da arte Nan Rosenthal, "como se esta pudesse ser um instrumento explícito e abertamente político para acabar com as guerras." Sempre fora contrário a fazer distinções e divisões, invectivando até mesmo contra a linha na pintura e celebrando a força unificadora da cor. E sua obra é um lembrete de que, por mais belos que fossem, com seus navios e dragões, aqueles mapas antigos estavam a serviço do império e do capital. É pela ciência que o capitalismo conhece o mundo, observou-me uma pessoa amiga, e as distinções e os detalhes que esses mapas assinalavam dedicavam-se antes de tudo aos mercadores e às expedições militares. O que se identificava como *terra incognita* era também o que restava invicto. Pintar o mundo de azul tornava tudo *terra incognita*, indivisível e inconquistável, um ato feroz de misticismo.

Em toda a sua obra, Klein buscou transcender ou aniquilar a representação em si, que trata sempre do que está ausente, em prol de uma arte de imediação e presenças, mesmo que fosse a presença do imaterial, do vazio. Tentava apagar os muitos pelo bem de um só – as imagens por cor pura, a música por uma nota só, o material pelo imaterial. Suas principais pinturas não tinham tema, e mesmo as obras de arte que mostravam a figura humana eram vestígios do contato – do gesso com o corpo masculino, da tinta com o corpo feminino –, e não representações. O que era material no mínimo não era representação realista, e ele buscou a dissolução, o desaparecimento e a desmaterialização mais diretamente com a mostra *Le vide*, com as chamas que eram, como os bicos de gás, obras de arte por si só, ou com as telas que ele queimava e perfurava para deixar a marca do fogo, com o ouro atirado no rio, e com o *Salto no vazio*. Místico porque ele se preocupava com a dissolução da mente racional, da expectativa, da era industrial, talvez, e por conseguinte com apagar o mapa da razão e entrar no vazio da consciência pura que tinha sido o tema de sua primeira exposição em Paris.

Salto no vazio de 1960 é um tema um tanto controverso. O que resta dele é a foto oficial. Mostra uma rua tranquila de Paris com muros de pedra, uma calçada antiga, árvores frondosas acima do muro e, partindo da mansarda do muro ou edifício murado à esquerda, o salto de Klein. Não em queda, um salto para cima, o corpo arqueado, as mãos estendidas, algumas mechas da franja a alçar voo, muito acima da rua, no mínimo a uns três metros do chão, como se não precisasse sequer cogitar o pouso, como se pousar nunca fosse, como se entrasse no reino sem peso do espaço ou no reino atemporal da fotografia que o sustentaria acima do chão por toda a eternidade. O céu branco de uma fotografia em preto e branco, o terno escuro – Klein se vestia sempre de maneira impecável – e a curva ascendente de suas costas faziam da coisa um ato de celebração, e não meramente uma crise gravitacional. Um trem passa ao fundo, um ciclista segue pedalando pelo lado direito da rua no mais abandonada. A exemplo da pintura de Bruegel na qual Ícaro cai no mar enquanto um agricultor lavra a terra, Klein estava voando, e ninguém parecia saber ou se importar, ou é o que conta a fotografia (obviamente a prova de que havia no mínimo fotógrafos ali presentes).

Ele publicou uma edição única de um jornal de quatro páginas, *Le Dimanche* [O Domingo], com a primeira página tomada por essa fotografia do salto e diversos textos de formato jornalístico que eram uma descrição ou o manifesto de sua obra. "Um Homem no Espaço!", dizia a manchete da foto, parodiando a corrida espacial para ver quem seria o primeiro a colocar um homem em órbita, e na legenda lia-se:

> O Monocrômico [Yves le Monochrome era seu nome de guerra], que também é faixa preta quarto *dan* e campeão de

> judô, pratica regularmente a levitação dinâmica! (com ou sem rede de segurança, arriscando a própria vida). Ele quer estar em forma para ir logo ao espaço e unir-se à sua obra predileta: uma escultura aerostática composta de 1.001 balões azuis que, em 1957, escaparam de sua exposição e ganharam o céu de Saint-Germain-des-Prés para nunca mais voltar. Libertar a escultura do pedestal é sua preocupação há um bom tempo.

O texto é Klein em sua essência, um misto de entrosamento astuto com a prática artística e as atualidades, de brincadeira bem-humorada e misticismo. E continua: "Hoje em dia quem pinta o espaço precisa ir de fato ao espaço para pintar, mas deve chegar lá sem artifícios, sem usar aeroplano, paraquedas ou foguete: tem de chegar lá por conta própria, por meio de uma força autônoma e individual: em uma só palavra, precisa ser capaz de levitar". E assim os estudos da Rosa-cruz e do judô de sua juventude chegaram a um clímax. "A Revolução Azul continua", afirma um título em negrito acima do cabeçalho.

Klein ficou obcecado com o voo boa parte de sua vida. Conta Rotraut, sua viúva: "Ele tinha certeza de que era capaz de voar. Costumava dizer-me que antigamente os monges sabiam levitar, e que ele também chegaria lá. Era uma obsessão. Assim como as criancinhas, ele realmente estava convencido de que era capaz de fazê-lo". Voar significava entrar literalmente no céu que ele havia reivindicado para si, significava desaparecer, uma obsessão sua que equivalia à sua preocupação com a levitação, de acordo com pessoa muito próxima a ele, e significava entrar no vazio. Há quem interprete o *Salto no vazio* como frase budista sobre a iluminação, sobre abraçar a inanidade que não é a falta de alguma coisa, como parece aos ocidentais, mas o desapego em relação ao finito e ao material, abraçar o que não tem limites, a transcendência, a liberdade, a iluminação. "Entre comigo no vazio!", escreveu Klein, "Você que, como eu, sonha/ Com esse vazio maravilhoso/ Esse amor absoluto [...]."

A fotografia é prova, mas essa foto do salto de Klein é prova de algo mais complicado do que um homem alçando voo, e os relatos variam bastante. A fotografia é mero vestígio ou lembrança da obra de arte, que é o salto propriamente dito. Tirada em 19 de outubro de 1960, é uma das primeiras de uma nova classe de fotografia que viria a se tornar importante naquela década, a fotografia como documentação de uma obra de arte que era remota, efêmera e pessoal demais para ser visualizada de outra maneira, uma obra de arte que não havia como exibir e acabaria perdida, por isso a foto toma seu lugar. Os artistas mostravam a documentação de atos físicos, gestos efêmeros, manipulações de paisagens remotas, de modo que a fotografia não existia primariamente como obra de arte nem experiência estética, mas como lembrança do não visto, do passado, do lugar outro, um instrumento para a imaginação.

A foto é uma montagem: Klein, o mestre de judô, saltou de fato, mas lá embaixo havia uma lona esticada por dez judocas; a fotografia, portanto, emenda Klein no alto e a rua abaixo sem a lona e os colegas. Mas McEvilley conta outra história. Em seu relato, recolhido de pessoas próximas a Klein, entre eles gente que havia presenciado vários saltos, houve um verdadeiro salto no vazio em janeiro daquele ano, mas as principais testemunhas não estavam lá e não havia prova alguma. Bernadette Allain, a mulher com quem ele vivera antes de Rotraut, presenciou o primeiro salto e rememora:

> Para um judoca que sabia cair, não foi nada extraordinário [...]. Era esperado que alguém com aquele grau de treinamento soubesse recompor-se e cair. Ele o fez como desafio ou provocação, para provar que era capaz de saltar no vazio – que não é pular de uma janela, mas saltar na direção do céu [...]. Não havia nada abaixo dele além do calçamento – nada!

O local desse salto foi a casa da galerista Colette Allendy na rue de l'Assomption, a rua da assunção, que na França católica pode ser entendida apenas como a subida do corpo da Virgem Maria aos céus, particularmente já que essa rua tranquila no 16º *arondissement* fica só a algumas quadras da rue de l'Annonciation, a rua da anunciação (cheguei a morar num quarto de empregada por ali durante vários meses aos dezessete anos, percebo agora ao olhar para um antigo mapa de Paris, perplexa ao pensar que, sem saber, devo ter passado várias vezes pelo local do salto, que cada uma de nossas vidas traça o próprio mapa no terreno compartilhado).

Após o salto em janeiro, ele foi visitar um amigo piloto que desapareceria de fato e de uma vez por todas no vazio, a bordo de seu avião no Himalaia; seria a última vez que Klein o veria. Um vestígio do salto estaria no coxear de Klein graças a um "tornozelo torcido" durante algum tempo depois disso. Descobriu que pouca gente acreditava que ele havia executado o salto, e, por isso, voltou a fazê-lo para as câmeras no mês de outubro, em outro local. Foi nessa ocasião que ele saltou sobre a lona, duas vezes, para as câmeras. Rotraut o convenceu a não repetir o salto sem nada que o amparasse fora o calçamento. A foto oficial mostra Klein ascendendo com serenidade. Uma outra mostra uma imagem um tanto borrada do artista olhando para baixo e se debatendo um pouco, não como um homem que caísse, mas como um gato em queda. Na fotografia famosa, porém, ele sobe eternamente, voando de verdade no instante preservado pela câmera.

Que mais posso dizer a respeito de Yves Klein? No ano seguinte aos três saltos, ele foi aos Estados Unidos, onde teve uma recepção fria em Nova York e outra calorosa em Los Angeles, cujo circuito de arte estava só começando a florescer. Lá ele se mostrou ansioso para visitar o Vale da Morte, e um artista e curador jovem o levou de carro para as profundezas do deserto, mas nem tanto assim, e de certo modo essa jornada para o oeste remoto de onde vieram os ensinamentos rosa-cruzes pareceu completar a jornada que começara com a viagem de Klein ao extremo oriente para estudar judô. Depois disso, sua mente foi-se voltando cada vez mais para a morte, que ele sempre associara ao voo e ao desaparecimento. De volta a Paris, ele começou seus relevos planetários, os mapas em alto-relevo pintados de azul, casou-se com Rotraut, que estava grávida, e o coração dele, sobrecarregado pelas anfetaminas, começou a vacilar. Morreu em junho de 1962, aos 34 anos de idade, alguns meses antes de nascer seu filho, mais um Yves Klein. Embora ele fosse tragicamente jovem, sua vida parece um meteoro, uma estrela cadente, uma trajetória completa de uma ponta à outra do céu, uma obra de arte finalizada.

Os filmes são feitos de escuridão e luz; são os excepcionalmente breves intervalos de escuridão entre cada instantâneo luminoso que possibilitam reunir diversas imagens numa fotografia em movimento. Sem a treva, haveria apenas um borrão. O que equivale a dizer que um longa-metragem consiste de meia hora ou uma hora inteira de pura escuridão que ninguém vê. Se fosse possível somar toda essa treva, encontraríamos a plateia no cinema contemplando uma noite escura e imaginativa. É a *terra incognita* da película, o continente tenebroso em todos os mapas. De maneira similar, cada passo de um corredor é um salto, de modo que por um instante ele ou ela se encontra totalmente descolado do chão. Nesses instantes breves, as sombras não mais transbordam dos pés feito vazamentos, mas pairam abaixo deles feito duplos, como fazem com os pássaros, cujas sombras rastejam abaixo deles, afagando a superfície da terra, crescendo e encolhendo à medida que quem as projeta se aproxima ou se afasta dessa superfície. Para os meus amigos que correm longas distâncias, esses minúsculos fragmentos de levitação se somam em algo substancial; por motivação própria eles pairam acima da terra durante vários minutos, talvez por boa parte de uma hora – ou talvez mais, no caso das ultramaratonas de 160 quilômetros. Voamos; sonhamos no escuro; devoramos o céu em bocados pequenos demais para quantificá-los.

A história de uma casa térrea[1]

....

1. No original, "One-story house", expressão que tem o duplo sentido de casa térrea, de um andar só, e de casa de uma história só, unificada. [N.T]

Eu carregava o jabuti nas duas mãos, segurando-o diante de mim feito o coroinha que leva a Bíblia ou uma varinha rabdomântica, dando a volta ao cômodo. Cada placa de seu casco rosado era diferente. O bicho vazava água. Saía dele mais líquido do que um jabuti daquele tamanho seria capaz de reter. A criatura era uma fonte, uma rocha fendida em minhas mãos, e quando acordei percebi que o cômodo no qual eu andava era meu quarto de infância.

Eu andava a esmo por aquela casa de tempos em tempos desde que a deixara aos catorze anos. Havia-se passado um quarto de século, e eu ainda não saíra de lá nos meus sonhos. Era uma das clássicas casas suburbanas da época, térrea e em forma de L. As casas que as crianças desenham lembram um rosto, com as janelas superiores no lugar dos olhos e a porta como boca. Têm a solidez e a centralidade que fazem delas um lar, assim como a cabeça é um lar. Essa casa, com suas áreas comuns que se sucediam como se fossem apenas corredores dilatados e seus quartos de dormir que lembravam anexos sem saída, não tinha centro, mas minha psique estava presa dentro dela. As plantas deixadas em toda parte pelos donos anteriores eram estranhas, exóticas, cavalinhas e medronheiros artificiais, um abeto do mesmo azul pastel das calças de veludo cotelê que os garotos da época usavam, suculentas e outras plantas sem nome, irreconhecíveis, inapropriadas para o consumo humano, com folhas lustrosas ou cobertas de espinhos. Num canteiro lateral, estreito e sempre sombreado, uma delas dava todo ano um lírio colossal e solitário que parecia feito da pele escura e amarfanhada de uma criatura de couro fino. Diante de cada um dos dois quartos de criança que davam para a rua ficava um zimbro disforme, e à noite os faróis dos carros que passavam faziam as sombras de seus galhos rodopiar nas paredes feito pterodátilos. Toldos, beirais e a cobertura do pátio impediam a luz do sol de entrar diretamente naquele lugar feito de fórmica, ladrilhos, linóleo e o carpete verde-escuro de parede a parede com uma lanugem que lembrava fotografias aéreas de florestas. Tudo ali parecia feito de frígidas matérias-primas alienígenas, e a piscina era o item mais estranho de todos.

A piscina não tinha aquecimento, era gelada demais para crianças magricelas pularem dentro dela durante boa parte do ano, mas sempre precisava ser escovada e peneirada para a retirada de terra e entulho, e as ferramentas para isso eram fantásticas de tão compridas, como os talheres de um colosso que tinha a cabeça nas nuvens. Tinha a típica cor azul-piscina, uma borda de cimento rosa que esfolava os pés descalços e o cheiro forte de cloro na água. Há algo de temível e misterioso em todo corpo d'água, água turva que promete coisas que não podemos ver nas profundezas invisíveis, água límpida que nos mostra o fundo lá embaixo como se pudéssemos mergulhar ali, embora a água nos fizesse boiar naquele estranho espaço que não é ar nem solo. A expressão "um corpo d'água" é adequada, pois ali estava um corpo misterioso de nove metros de comprimento, 2,5 metros de altura numa das pontas, um cativo transparente em cujas profundezas nos podíamos jogar. A brisa mais leve que fosse decorava a superfície da água, e o sol transformava esses desenhos em estranhas tramas de luz que corriam por todo o fundo, redes intermináveis lançadas num mar sem peixes. Mais tarde eu sonharia repetidas vezes com a piscina e também com a casa. Era como se eu não conseguisse sair da casa, como se ainda estivesse perdida dentro dela, mas a piscina não era exatamente parte do labirinto: era seu poço sagrado.

Coisas terríveis aconteceram naquela casa, apesar de não serem particularmente incomuns nem interessantes; basta dizer que há um motivo para os terapeutas receberem uma fortuna por hora para escutar esse tipo de história. Ou quem sabe haja, sim, algo a dizer, a respeito do capitalismo do coração, a crença de que as essências da vida também podem ser apresadas e amealhadas, que a gente pode dominar o mercado na base da confiança, empreender a aquisição hostil da felicidade. Baseia-se na economia da escassez, a ideia ou talvez a sensação de que não há o suficiente para todos, e a crença de que esses fenômenos intangíveis existem em quantidades constantes a serem disputadas a tapa, e não a de que só se pode aumentá-las quando as oferecemos de graça. Uma história pode ser um presente como o fio de Ariadne, ou o labirinto, ou o voraz Minotauro do labirinto: navegamos por meio de histórias, mas por vezes só escapamos ao abandoná-las.

Há alguns anos, sonhei que minha mãe havia reformado a casa, ou o fizera à moda dos sonhos, com mão pesada: a piscina estava cercada de cacos de vidro, o banheiro tinha duas tinas rebaixadas em forma de ataúde, e meu quartinho fora repintado com cores claras e uma fileira de esqueletos a dançar numa das paredes. Eu também sonhava com meu pai de quando em quando, e muito depois de sua morte, não muito depois de o ermitão me ensinar a atirar, houve um período no qual eu o mandava recuar, pois eu tinha uma arma. Depois dessa série de vitórias, ele se tornou inofensivo. Era nítido que eu progredia com o passar dos anos. Apoderei-me do quarto principal e decidi mudar-me para lá, expulsei a família do meu quarto, aí veio o sonho do jabuti.

Nos sonhos, nada se perde. A casa da infância, os mortos, brinquedos perdidos: todos aparecem com uma nitidez que nossa mente desperta não conseguiria obter. Nada se perde a não ser nós mesmos, caminhantes num terreno onde nem os locais mais familiares são exatamente eles mesmos e todos desembocam no impossível. Mas, na manhã seguinte à noite em que eu carregara o jabuti que vazava água, eu sabia que não estava mais presa dentro da casa. O peso de um sonho não é proporcional a seu tamanho. Alguns sonhos são feitos de névoa, outros de renda, outros ainda de chumbo. Alguns sonhos parecem ser feitos nem tanto do entulho habitual da psique, mas de coriscos que vêm de fora.

Eu me perguntava de onde o jabuti saíra. Lembrava-me de ter montado uma tartaruga-gigante das Galápagos no zoológico aos dois anos de idade, lembrava-me de um jabuti que meu irmão do meio tivera como animal de estimação, e dos tigrezinhos d'água vermelhos que pintávamos na Páscoa, numa época em que as definições de crueldade com os animais eram menos rigorosas, de ter lido sobre os zunhis, que imaginam ser as tartarugas os espíritos dos mortos que voltam do além, de ter reparado que toda imagem de tartaruga ou jabuti exercia sobre mim uma espécie de fascínio. Meses se passaram até eu me lembrar de ter encontrado por acaso um jabuti-do-deserto quase uma década antes, quando acampava no Mojave com algumas outras mulheres. Vi o jabuti já adulto bem no meio de uma estrada secundária perto do Vale da Morte e parei minha caminhonete. Saímos para dar uma olhada no bicho e recitei o que eu sabia: que não era uma boa ideia encostar naquelas criaturas, porque elas se estressavam com mudanças no ambiente, eram suscetíveis a doenças e infecções, particularmente a problemas respiratórios, e o contato poderia contaminá-las. Em situações de crise, eles às vezes expelem toda a água que armazenaram, uma água extraída vagarosamente de folhas e tragada das poças deixadas pela chuva forte, água que pode chegar a quarenta por cento de seu peso corporal, e perder essa água é por si só uma crise.

Mas também estão propensos a atropelamentos por carros nas estradas e por veículos *off-road* em todo o seu território, o Mojave e os desertos do oeste do Colorado. Observamos o jabuti, que havia parado quando nós paramos, vimos ao longe carros que se aproximavam, então eu peguei um pano de prato limpo e, mantendo-o entre minhas mãos e o casco, ergui a criatura. Ela recolhera a cabeça e as patas, e assim me vi carregando um pesado domo cor de terra com linhas concêntricas gravadas em cada uma de suas placas, um mosaico de mandalas. Segurando-o à minha frente, andei uns quinze metros pelo deserto xerofítico e o depositei no chão, apontado para a mesma direção que ele já vinha seguindo. No chão, ele retomou a caminhada com um estranho movimento basculante, um ligeiro tranco no casco a cada passo. Um dos mais famosos contos budistas trata de dois monges que fizeram votos de nunca tocar nas mulheres. Certo dia eles chegaram à margem de um rio turbulento. Ali uma mulher implora a ajuda deles para atravessar o rio – faltam mulheres atléticas nessas fábulas antigas –, e um deles a carrega até o outro lado. Depois de os dois monges já terem caminhado durante algum tempo na outra margem, o segundo censura o primeiro por violar seus votos. Ao que o companheiro responde: "Por que você ainda a carrega? Eu a deixei lá do outro lado do rio". Vários anos depois daquele encontro casual no deserto, eu ainda carregava o jabuti, mas este havia-se transformado numa bússola, um visto no passaporte, um amuleto.

O jabuti-do-deserto corre risco de extinção – recebeu oficialmente o *status* de "ameaçado" do Serviço de Proteção ao Pescado e à Vida Silvestre dos Estados Unidos em 1990 – graças à interferência humana. São diversas as causas para seu desaparecimento. As plantas exóticas desestabilizaram seus hábitos alimentares; animais de pastoreio, cães, veículos, o progresso, bases militares, todos causaram algum impacto, assim como a captura generalizada dessas criaturas para servir de animais de estimação. A proliferação de aterros sanitários no deserto aumentou demasiadamente a população de corvos, e os corvos são os predadores dos jabutis jovens durante os cinco e poucos anos que seus cascos levam para endurecer o suficiente e protegê-los (o ermitão certa vez encontrou uma jabota jovem com feridas graves no casco, provocadas por bicadas; ele a levou para casa e chamou um veterinário de zoológico que ele conhecia para salvá-la com uma cirurgia na pia da cozinha, eu estava fora na ocasião, e durante alguns dias ele me passou por telefone informes sobre a condição de "Senhorinha Jabota", e então me contou que "Senhorinha Jabota não resistira"). O jabuti-do-deserto pode passar mais de um ano sem comida ou água, hiberna durante vários meses por ano nos rincões setentrionais mais gelados, permanece em sua toca fresca durante a parte mais quente do verão, raras vezes se afasta mais de um quilômetro da toca, caminha devagar, vive devagar e chega a uma idade avançada que pode passar de um século. Esses jabutis existem há uns 60 milhões de anos. O programa para salvá-los foi projetado para dar a eles cinquenta por cento de chance de ainda existirem daqui a quinhentos anos. O governo não está disposto a dedicar mais recursos nem a restringir mais atividades do que o necessário para igualar as chances de sobrevivência e extinção.

Em 1919, uma jovem etnógrafa se apaixonou por um ferreiro da tribo chemehuevi cujo grande território é o coração do hábitat do jabuti. O ferreiro, George Laird, já tinha 48 anos e, quando menino, adquirira um bocado do saber que vinha sendo esquecido, perdido e diluído. No inverno dos seus dezesseis anos – por volta de 1888 – ele cuidou de um homem nos últimos e dolorosos estágios da sífilis, e o moribundo ensinou ao garoto uma forma mais pura de seu idioma e "preencheu as noites longas e insones com histórias dos Imortais, os Animais que Eram Gente antes dos seres humanos, contadas com grande distinção e elegância". Durante os 21 anos em que o chemehuevi e a etnógrafa, Carobeth Laird, foram unha e carne, ela aprendeu o idioma, as canções e as histórias que ele conhecia, e muito depois de ele morrer, quando ela mesma já era idosa, ela transformou suas anotações e memórias num livro de etnografia. A respeito do jabuti, ela deixou registrado: "Esse réptil era apetecível como alimento, mas também tinha uma aura peculiar de santidade. Era e ainda é um símbolo do espírito do Povo. 'O coração de um chemehuevi é duro, como o da tartaruga.' Essa 'dureza de coração' se equipara à vontade e à capacidade de persistir e sobreviver". Mas talvez não sobreviva a nós.

É da natureza das coisas se perder, e não o contrário. Pense em como foi pouco o que se salvou, no adubo do tempo, das centenas de bilhões de sonhos sonhados desde que surgiu a linguagem para descrevê-los, como são poucos os nomes, os desejos, os idiomas mesmo, como desconhecemos as línguas que falavam as pessoas que ergueram os menires da Grã-Bretanha e da Irlanda ou o que significavam essas pedras, como sabemos pouco a respeito da língua dos gabrielanos de Los Angeles ou dos miwok de Marin, desconhecemos como ou por que se desenhavam figuras gigantescas no chão desértico de Nazca, Peru, pouco sabemos até mesmo a respeito de Shakespeare ou Li Po. É como se fizéssemos da exceção a regra, acreditássemos no que deveríamos ter, e não no que vamos perder. Deveríamos saber encontrar o caminho de volta pelos objetos que deixamos cair, como João e Maria na floresta, os objetos que nos fazem voltar no tempo, desfazendo cada perda, um caminho de volta feito de óculos perdidos a brinquedos perdidos e dentes de leite. Em vez disso, a maioria dos objetos forma as constelações secretas de nosso passado irrecuperável, retornando apenas em sonhos onde nada se perde, a não ser quem sonha. Deve existir ainda em algum lugar: canivetes e cavalos de plástico não viram adubo, mas quem sabe onde vão parar seguindo ao sabor das correntes de objetos que permeiam nosso mundo?

Certa vez encontrei um medalhão com uma lua crescente e uma estrela de *strass* num dos lados, iniciais intricadas e ilegíveis no outro, e duas fotografias antigas lá dentro, e alguém deve ter sentido uma falta terrível dele, mas ninguém apareceu para reclamá-lo, e ainda está comigo. Uma outra vez, descendo um rio numa das últimas imensidões selvagens, um lugar sem estradas do tamanho de Portugal, perdi uma meia no começo da viagem e um par de óculos mais tarde, e penso neles sujando aquela imensidão selvagem tão livre desse tipo de entulho, ainda quietinhos lá ou encontrados por alguém que talvez tenha ficado tão curioso quanto eu fiquei a respeito da mulher do medalhão. Naquela viagem eu me debruçava no bordo do bote e fitava por horas e horas o leito daquele rio cujo nome quase ninguém sabe e que desemboca em outro rio pouco conhecido, fitava milhares de pedras, centenas de milhares de milhões de pedras que passavam cinzentas, rosadas, pretas, douradas sob a água mais límpida do mundo todo, flutuando por dias e quilômetros naquela água que eu bebia diretamente do rio. Os objetos materiais tudo veem e nada dizem. Os bichos dizem mais. E estão desaparecendo.

Que as coisas se devam perder do nosso conhecimento é uma coisa, no sentido de que não sabemos onde estamos ou onde elas estão; que as coisas se devam perder da Terra é outra. Há uma estranha encruzilhada nos dias de hoje entre o real e o conhecido. A estimativa dos biólogos é que se conheçam aproximadamente 1,7 milhão de espécies, mas existem entre dez e cem milhões na Terra. A descoberta e a classificação das espécies aumentam a uma velocidade frenética, mas vale o mesmo para o desaparecimento de espécies tanto conhecidas quanto desconhecidas. Quanto mais se conhece, menos resta a conhecer; perdemos o que sabemos e o que não sabemos. É certo que as espécies estão desaparecendo sem que cheguem a ser conhecidas pela ciência. Pensar nisso é imaginar o espaço dentro de nossa mente se expandindo, mas os lugares lá fora encolhendo, como se nós literalmente os devorássemos.

Nos sonhos já fui uma águia e um verdilhão, já encontrei um coiote de três cabeças, lobos, raposas, linces, cães, leões, pássaros canoros, peixes, cobras, bois, focas, muitos cavalos e gatos, alguns falantes, uma mulher dando à luz, via cesariana, um cervo adulto que saiu correndo, ainda besuntado com os humores do parto, por uma estrada escura e sombreada pelas árvores, um filhote de gazela que uma mulher amamentava, um urso-pardo que se casou com uma mulher. "São todos animais de carga em certo sentido", Thoreau certa vez observou a respeito dos bichos, "feitos para carregar uma parte de nossos pensamentos." Os animais são a antiga linguagem da imaginação. Uma das dez mil tragédias de seu desaparecimento seria o silenciar dessa língua. Um homem certa vez me disse que boa parte do que eu escrevia tinha a ver com a perda, que era assim que eu imaginava o mundo, e pensei nessa observação durante muito tempo. Nessa acepção de perda misturavam-se dois córregos. Um deles era o desejo da historiadora de se agarrar a tudo, de botar tudo no papel, de impedir que tudo escapasse, e o júbilo da historiadora de recuperar de arquivos e entrevistas aquilo que estava quase esquecido, quase fora de alcance para todo o sempre. Mas o outro córrego é a experiência comum de que coisas demais estão desaparecendo sem que sejam substituídas em nossa época. O sol está sempre se pondo em algum lugar da Terra, e mais um dia vai escapulindo quase sem ser documentado à medida que as pessoas passam aos sonhos de que raramente se lembrarão quando despertas. Somente a continuação da abundância torna a perda suportável, natural. Outros amanheceres virão, mas mesmo os sonhos podem ser esvaziados.

A idade dourada, o tempo do sonho é o presente, e este anda vazando muita água. O cronômetro da Times Square que fez a contagem regressiva para a virada do milênio, seus segundos, minutos, horas, dias passando velozes num mostrador digital, poderia ter sido mantido para as espécies ameaçadas, pelo menos trinta perdidas por dia, mais de dez mil por ano, metade delas fadada a desaparecer em um século, a menos que algo ou tudo mude radicalmente. Imagine o presente como se já fosse uma arca de Noé, e a cobiça, o progresso e o veneno como um trio de piratas que obriga os animais e as plantas a andar na prancha, sobre o bordo e rumo ao fundo do mar que é o passado. Acabaram-se as revoadas de pombos-passageiros que obscureciam o céu do Meio-Oeste dos EUA durante horas e dias no século passado, todos os mexilhões de Sampson conhecidos sumiram dos rios do Meio-Oeste por volta de 1930, nada do pardal de Santa Barbara desde 1959, nada do barrigudinho de Tecopa desde 1972, uma estimativa de que restavam 142 antilocapras de Sonora nos EUA no fim do século XX, e menos da metade desse número por volta de 2002, 72 espécies de caracóis desaparecidas no Havaí, o picão-verde dos Grandes Lagos extinto mais ou menos na mesma época que os homens pisaram na lua, o cormorão-de-óculos extinto no Alasca por volta da corrida do ouro.

Durante essa corrida do ouro na Califórnia, uma grande quantidade de ianques cruzou pela primeira vez o coração do território dos jabutis-do-deserto. Os *forty-niners*[2] do Vale da

2. "*Forty-niners*" é como ficaram conhecidos os recém-chegados à Califórnia no ano de 1849. [N. T.]

Morte tinham pressa de chegar às regiões auríferas da Sierra Nevada, e, como tinham alcançado a Grande Bacia tarde demais para cruzar as passagens cobertas de neve da Sierra, contrataram um guia mórmon para levá-los pela Trilha Espanhola até o sul da Califórnia. Chamavam-se Sand Walking Company [Comitiva que Anda na Areia], uma adulteração de San Joaquin Company, pois nenhum deles reconhecia o santo cujo nome espanhol fora dado a um rio e a um vale no rico filão meridional. Um nova-iorquino de vinte anos chamado O. K. Smith apareceu na trilha trazendo histórias aprazíveis sobre uma rota mais direta para o centro da Califórnia, e a maioria das carroças passou ao suposto atalho. O guia continuou pela Trilha Espanhola com as poucas que não o fizeram. Os desgarrados foram encorajados por um mapa que o explorador do governo John C. Fremont – "o batedor" – havia traçado, mostrando uma longa cordilheira que seguia de leste para oeste e por acaso não existia (um mapa ruim também tivera muito a ver com a sina da Caravana Donner, que se viu presa nos ermos em 1846). "Essas montanhas não foram exploradas, sendo avistadas apenas de pontos elevados no limite de exploração setentrional", dizia o mapa acima de uma área assinalada, com letras maiores, "Inexplorada". A Sand Walking Company imaginava que conseguiria percorrer os contrafortes da cordilheira fictícia. Muitos voltaram quando o terreno se tornou intransitável para as carroças, e o resto se dividiu em grupos menores. Esses grupos ficaram presos no Vale da Morte, as terras mais baixas do Hemisfério Ocidental, o leito seco de um lago que lembrava uma boca vazia entre duas fileiras afiadas de cadeias de montanhas.

"Estávamos na região tempo suficiente para saber que as montanhas mais altas tinham mais água, e que os vales tinham água ruim ou água nenhuma, por isso, embora as altitudes mais baixas no sul acenassem com uma travessia mais fácil, não nos prometiam água nem capim, sem os quais certamente pereceríamos", escreveria William Manly[3], meio século depois.

> Em certo sentido, estávamos perdidos. As noites e os dias de céu claro nos proviam com os meios para identificar os pontos cardeais com o nascer e o pôr do sol, mas não se via um sinal de vida no vasto reino da natureza fazia um mês ou mais. A algibeira cheia de pólvora e chumbo de um bom caçador duraria até ele morrer de fome, pois não havia coisa viva à vista na qual atirar, fosse grande ou pequena.

Manly era um caçador habilidoso e acostumado à vida ao ar livre, e não há explicação fácil para o fato de a paisagem que ele percorreu no inverno de 1849 a 1850 parecer tão desprovida de vida selvagem. Para esses pioneiros, o Mojave era uma área desabitada, sem água, sem animais, sem nomes, sem mapas, sem nada daquilo que dá a um lugar vida e significado. Temiam os índios, embora os dois únicos sobreviventes de um grupo de onze homens só tivessem resistido porque foram resgatados por paiutes. Os esqueletos dos outros nove foram encontrados uma década depois, dentro de um círculo baixo de pedras. Outros grupos foram dirigidos para valiosos olhos d'água, nascentes e riachos pelos índios que encontraram. Colombo chegara ao Caribe que ele tomara equivocadamente pelas Índias quase quatrocentos anos antes, mas tinham sido poucas as interferências diretas nos habitantes indígenas das regiões mais remotas do Oeste, e eles ainda não estavam resistindo ao que ainda não era uma crise.

Um pioneiro faminto tentou comprar o pão de viagem de um vizinho por dez dólares, mas sua oferta foi recusada. Um outro enterrou 2,5 mil dólares para aliviar o peso que carregava,

3. Nas memórias de William Manly, *Death Valley in '49*, 1977.

depois de não conseguir encontrar ninguém que quisesse carregar as moedas de ouro em troca de dividi-las meio a meio. Nunca mais voltaria a encontrar o lugar onde as enterrou. Outros encontraram minério, e isso sugeria minas opulentas, se ao menos tivessem comida e água para sobreviver ali. A Mina Perdida da Mira, batizada em homenagem a um pedaço de minério rico em prata que um dos *forty-niners* do Vale da Morte transformara em mira para seu rifle, ficou famosa, como também ganhou renome a Mina Perdida de Goller. Esta última mina consistia de algumas pepitas recolhidas por um companheiro de John Goller. Ao vê-las, Goller falou, irritado: "Quero água; o ouro não me serve de nada". As próprias minas eram lendas que visitantes posteriores procurariam em vão, formadas por pedaços de minério trazidos por esses desesperados. Era uma estranha jornada, essa travessia de uma paisagem onde todas as suas esperanças de encontrar a riqueza mineral foram deixadas de lado, onde a riqueza nada significava, e a água era tudo, onde eles se viam diante de decisões críticas que envolviam partilha e sobrevivência, onde todos enfrentavam a morte e alguns a encontraram. Era um desvio rumo ao essencial e ao introspectivo, como o deserto tantas vezes é, e aquelas pessoas se perderam nele.

Os nômades chemehuevi usavam canções para se orientar nas vastidões desse terreno árido. As canções informavam os nomes dos lugares em ordem geográfica, e os nomes dos lugares eram descritivos, evocativos, de modo que uma pessoa que nunca estivera no local pudesse reconhecê-lo a partir da canção. Carobeth Laird[4] comentou: "Hoje quando se entoa a canção, esta dá grandes saltos de um local para outro, pois já não há mais

4. Nas memórias de Carobeth Laird, publicadas em 1993, *Encounters with an Angry God: Recollections of My Life with John Peabody Harrington*, e em seu livro *The Chemehuevis*, 1976.

ninguém que se lembre do trajeto inteiro". E ela explicava: "o que diz a canção?" significa "qual é o trajeto que ela percorre?". Os homens herdavam as canções do pai ou do avô, e a canção lhes concedia direitos de caça no terreno por elas descrito. A despeito do que Manly passou, parecia haver caça em abundância para quem sabia onde e quando procurá-la. A Canção do Sal descreve a rota de um bando formado por todo tipo de ave terrestre da região, e "viaja a noite toda, chegando a Las Vegas por volta da meia-noite, a Parker pela manhã, e de volta ao local de origem com o nascer do sol. Se a noite na qual fosse cantada se mostrasse muito curta, a Canção do Sal – como outras canções hereditárias – podia ser abreviada para que não durasse mais que a noite". Nessa canção as aves começam a deixar o bando pela manhã, ficando cada uma em seu próprio lugar naquele mundo ordeiro de palavras e locais. A canção durava uma noite e era uma mapa-múndi, e o terreno árido no entorno de Las Vegas era o País Fabuloso dos grandes mitos. O povo mojave um pouco mais ao sul tinha uma canção da tartaruga que podia durar uma ou várias noites.

O silêncio em que Manly e um colega saíram do Vale da Morte para buscar ajuda para as duas famílias presas lá forma um estranho contraste. Levavam consigo apenas cantis pequenos e logo se viram sem água. Então "[caminhavam] horas a fio, sem dizer palavra, pois [descobriram] que, para não passar tanta sede, era muito melhor [ficar] o máximo possível de boca fechada e evitar a evaporação". Não conseguiram comer o charque que carregavam porque tinham a boca seca e, quando finalmente encontraram uma pequena folha de gelo que parecia o "vidro de uma janela", aplacaram sua sede, mas descobriram em seguida que estavam esfomeados. Manly e o companheiro levaram 23 dias para encontrar socorro e retornar com provisões e uma rota para sair do deserto. Àquela altura seus colegas de viagem já haviam perdido as esperanças na capacidade e no altruísmo dos dois rapazes, e portanto os receberam com surpresa e júbilo quando eles voltaram. O grupo inteiro chegaria enfim aos povoados quatro meses depois de terem tomado o atalho. Mais tarde retornariam ao mundo cartografado e ao modo de vida que conheciam. "Cada ponto daquela viagem terrível está indelevelmente gravado na minha memória, e, mesmo fazendo 73 anos no dia 6 de abril de 1893, sou capaz de localizar cada acampamento e, se tivesse forças, poderia seguir aquela trilha exaustiva desde o Vale da Morte até Los Angeles com uma exatidão infalível", escreveu Manly em suas memórias, *Death Valley in '49*, e foi o grupo dele que deu ao lugar onde se viram presos o nome de Vale da Morte.

Eu conheço o País Fabuloso – a região um pouco mais ao norte. Foi o primeiro deserto que conheci e o lugar que me ensinou a escrever. No fim da casa dos vinte anos, passei a visitar o Campo de Provas de Nevada, onde mil bombas nucleares foram detonadas no decorrer dos anos, comecei a ir para lá com milhares de pessoas para protestar contra os testes nucleares, uma louca miscelânea de shoshone ocidentais, pagãos, mórmons, franciscanos, budistas, anarquistas e quacres. O lugar pedia para ser descrito não com a linha reta de uma única história, mas com histórias semelhantes às estradas que convergem numa capital, pois muitas narrativas ali chegaram nas décadas que se passaram desde os *forty-niners* do Vale da Morte, e alguns contos antigos não tinham sido esquecidos. As pessoas que conheci lá me convidaram a entrar numa ideia mais ampla de lar no Oeste dos EUA, e um jabuti que eu viria a recolher não muito longe dali me acabaria tirando da minha antiga casa, um jabuti que poderia ter sido a própria Ilha Tartaruga, o antigo nome do continente inteiro, como se o continente inteiro pudesse ser meu lar, e talvez tenha sido essa concepção de lugar que me tenha tirado da casa que eu deixara um quarto de século antes.

A seis ou sete quarteirões a noroeste de onde moro hoje fica a colina onde a última borboleta satirínea marrom foi coletada em 1870, pois essa espécie endêmica estava à beira da extinção. Alguns indivíduos da corrida do ouro eram bacanas, mas seu efeito cumulativo foi terrível: trabalhavam febrilmente para adquirir o que se pudesse amealhar – particularmente as toneladas de ouro retiradas das montanhas – e por isso pagaram com o que não se podia amealhar nem lhes pertencia, os riachos e rios de águas límpidas tomados pela terra e o mercúrio dos garimpos, as migrações dos salmões que já começavam a malograr naquela época, as florestas abatidas para alimentar as caldeiras, o urso-pardo californiano extinto em toda parte por volta de 1922, menos na bandeira do estado, as línguas e as histórias das tribos devastadas pela violência e as doenças nesse lugar que era vazio e ainda estava por nascer do ponto de vista dos mineradores. Foi essa avidez e suas tecnologias novas e cada vez mais sofisticadas que acabaram extraindo mais e mais riqueza dos lugares remotos e silvestres do mundo para esvaziá-los, enchendo os bancos com mais dinheiro do que se conseguiria gastar, mais do que há coisas para comprar. E agora a escassez é real e está crescendo.

Não é uma história de fundo moral tão simples porque o que passou a existir tem lá sua beleza e veio a apresentar as próprias complexidades. Há uma universidade católica na colina onde a borboleta deixou de existir, e lá ouvi récitas de grandes poetas e palestras de ambientalistas. Quase duas vezes mais longe da gaiola branca que é meu apartamento, só que na direção oposta, fica o Centro Zen de São Francisco, um dos locais decisivos para o advento do budismo no Ocidente. O elegante prédio de tijolos num bairro pobre foi erigido como residência para mulheres judias, e algumas Estrelas de Davi ainda se insinuam nas sacadas de ferro. Certa manhã, quatro meses depois de eu ter sonhado com o jabuti no auge do verão, acordei sabendo que chegara a hora de ir até lá. Cheguei a tempo para a palestra das manhãs de sábado e me sentei atrás de um enorme afro-americano. Toda vez que ele se mexia eu conseguia entrever o altar, e este era mais interessante em pequenos relances. Naquele dia, alguém mencionou que o Buda de pedra em cima do altar era de um Afeganistão que deixara de existir tempos atrás. Eu acabara de doar os dois cobertores de lã que havia herdado da casa dos meus sonhos para os quacres e sua campanha do agasalho no Afeganistão. A estátua com seu rosto cheio e sereno parecia devolver-me o olhar desde o lugar para onde seguiriam os cobertores. A pedra castanho-clara sinalizava uma aridez e uma solidez que tornavam o lugar real, fez-me visualizar montanhas de pedra moldadas pela erosão para formar dobras semelhantes às pregas das vestes da estátua.

Um homem descarnado, de cabelos grisalhos e bem curtos sentou-se, cruzou as pernas, ajeitou as vestes escuras e, sem preâmbulo algum, começou a contar uma história, baixinho, devagarinho, com longas pausas[5]:

– Bom dia. Durante muitos anos tínhamos aqui uma pessoa que costumava nos vender caixas de doces. Na verdade, eram latas de doces, e estes eram chocolates com cobertura de caramelo que pareciam tartarugas de chocolate. E por isso nós o chamávamos de Homem-Tartaruga, e o Homem-Tartaruga vinha vender-nos esse chocolate coberto de caramelo e muito doce. E o Homem-Tartaruga não enxergava. Era cego, por isso comprávamos duas caixas, e não uma. Então nós as colocávamos na escrivaninha do escritório, e então, mesmo achando que eram muito doces, comíamos os confeitos, rápido. O Homem-Tartaruga fez isso durante muitos anos. Assim como muitos cegos, ele tinha uma bengala branca e subia a escadaria

5. A palestra no Centro Zen de São Francisco foi ministrada pelo abade Paul Haller.

batendo-a nos degraus, então a batia na porta e entrava. Fazíamos negócio, e ele ia embora.

> "E certo dia eu estava na rua bem aqui em frente e escutei uma voz que pedia ajuda... ajuda... ajuda... e era o Homem-Tartaruga, e ele estava parado logo ali na esquina. Ele precisava atravessar a rua, e sua maneira de atravessar a rua era ficar parado na sarjeta pedindo ajuda, e só ajuda, até alguém aparecer e ajudá-lo a atravessar a rua. Não fiquei para observá-lo, mas suponho que a cada travessia era daquele jeito que o Homem-Tartaruga a resolvia: simplesmente ficava parado ali e pedia ajuda, ajuda.
>
> "Então pensei, não é extraordinário? Que vida extraordinária. A gente segue andando e chega a uma barreira, então para e simplesmente pede ajuda. A gente não sabe com quem está falando, não sabe quem está por perto, ou se há de fato alguém ali, e a gente espera, aí aparece alguém e ajuda a gente a vencer a barreira, e a gente continua a andar sabendo que logo vai encontrar outra barreira, vai ter de parar mais uma vez e pedir ajuda, ajuda, ajuda, sem saber se haverá alguém para ajudar, sem saber quem vai aparecer para ajudar a gente a vencer a próxima barreira.
>
> "E, mesmo assim, de algum jeito o Homem-Tartaruga conseguia circular pela cidade vendendo caixas de doces em forma de tartaruga, indo a lugares como o Centro Zen e convencendo as pessoas a comprar algumas latas.
>
> "E ele tinha um quê de aproveitador, sabe? Ele sabia que não queríamos de fato os doces, mas sabia que estávamos dispostos a comprar duas latas. O Homem-Tartaruga não era bobo. Encontrá-lo era sempre uma espécie de emoção. Era quase um milagre. Era como se o Homem-Tartaruga desafiasse a gravidade, ele desafiava o senso comum, ele desafiava a convencionalidade. Era como se o Homem-Tartaruga fosse um super-herói, e por isso era sempre uma pequena

emoção e uma pequena alegria quando ele aparecia à nossa porta.

"De que outra maneira conseguiríamos romper o encanto que entretecemos se não tivéssemos dentro de nós um pedacinho do Homem-Tartaruga? Mas se trata de uma proposição perigosíssima, porque a maioria de nós não tem o excelente treinamento do Homem-Tartaruga. O Homem-Tartaruga não tinha opção. Era ficar na cama ou se levantar, enfrentar a barreira intransponível e pedir ajuda. Essas eram as opções.

"Pode ser que, se eu realmente prestasse atenção à minha vida, eu percebesse que não sei o que vai acontecer hoje à tarde e não posso ter certeza de que tenho a competência necessária para lidar com o que virá. Pode ser que estejamos dispostos a acolher esse pensamento. Tem algo de razoável, não sei dizer exatamente, mas é provável, é possível, não vai ser muito diferente do que geralmente vivencio e tudo vai dar certo, e por isso encerramos essa possibilidade inquietante com uma resposta razoável. A prática da atenção nos leva a um andar inferior ao da razoabilidade com a qual gostamos de pensar que vivemos e aí começamos a ver algo realmente fascinante, que é o drama do nosso diálogo interior, das histórias que cruzam nossa mente e os sentimentos que passam por nosso coração, e começamos a ver que esse território não é tão asseado, ordeiro e, ouso dizer, seguro ou razoável. Portanto, na prática da atenção, que acontece há séculos e milênios, os seres humanos se perguntam: hummm, como me envolver nesse processo de tal maneira que eu não fique demasiadamente assustado com o que se poderia desenrolar nem complacente demais por evitá-lo? Essa é a delicada tarefa da atenção.

"A gente escuta um som e pensa 'é um caminhão virando a esquina'. Tudo acontece em meio segundo. Vemos uma pessoa e inventamos uma história sobre quem ela é, e às vezes nos metemos numa baita encrenca com as histórias que inventamos ao tramar nosso mundo. E a prática da atenção não nos diz para deixarmos de tramar o mundo. É o que fomos programados para fazer, não é um ato volitivo pensar 'caminhão' depois de ouvir o tal som. A prática da atenção nos diz para não segurar a coisa com muita força, para não ficarmos muito convencidos. E, nessa maneira mais simples de existir, tudo bem se ficarmos parecidos com o Homem-Tartaruga, tudo bem experimentar às vezes o que é não saber o que fazer a seguir, o topar com uma barreira. Tudo bem perceber que a vida tem algo de misterioso, tem um elemento de incerteza, tudo bem perceber que precisamos mesmo de ajuda, que pedir ajuda é um ato generoso porque permite às outras pessoas nos ajudar e nos permite receber ajuda. Algumas vezes pedimos ajuda. Outras vezes oferecemos ajuda, e então este mundo hostil se torna um lugar muito diferente. É um mundo no qual se recebe e se oferece ajuda e, num mundo assim, esse mundo que a meu ver é determinado e instigante perde um pouco de sua urgência e de seu desespero. Num mundo generoso, num mundo onde a ajuda está à disposição, a meu ver não é necessário ser tão inflexível com o mundo."

Vários meses depois, eu acampava na encosta oriental da Sierra Nevada, num pinheiral em que as árvores ficavam bem distantes uma da outra naquela areia clara, indicando vastos sistemas radiculares que aproveitavam o pouco de umidade naquela secura. As pinhas caíam formando círculos perfeitos sob as árvores, e o lugar parecia ter uma pureza geométrica: a planície de areia vulcânica, as árvores altas e retilíneas, os círculos escuros de pinhas. Na calidez do dia, a casca daquelas árvores soltava uma fragrância que lembrava baunilha, manteiga e caramelo, uma doçura que reforçava a tranquilidade do lugar que, para quem se via em seu interior, parecia ser tudo que havia no mundo, como se as árvores continuassem para sempre, como se o tempo, a história, a obrigação não estivessem mais no mapa. Dormimos dentro dos carros numa noite tão gelada que a água na bacia da louça tinha virado um bloco de gelo pela manhã. Havíamos acampado ali no ano anterior, e na ocasião eu havia atolado meu carro na areia, a vários quilômetros da estrada asfaltada. Tinha sido um momento adorável perceber que eu podia contar com meus companheiros de viagem, e eles me resgataram com grande animação e pouco estardalhaço. Naquela noite enregelante sonhei que eu entrava de carro no quintal daquela casa de infância e voltava a ficar atolada, mas o quintal e a casa pertenciam a uma outra pessoa, uma mulher de meia-idade e origem asiática que havia acrescentado à construção um segundo andar. Era agora a casa dela. Eu não pretendia entrar, e amigos estavam a caminho para desatolar o carro.

Então, quando eu me preparava para escrever este capítulo, voltei a sonhar com o lugar, mais uma vez do lado de fora. Estávamos enterrando os corações de meu pai e de minha avó perto de túmulos de pedra que pareciam excrescências ornamentais em volta da piscina. Dessa vez a piscina tinha uma terra escura no fundo, e os lados não eram mais retos, mas irregulares, incrustados com pedras grandes. Estava virando um açude. Os corações escuros vinham do meu refrigerador, embalados em Ziploc, como a carne que vem do açougue. O sonho não tem que explicar há quanto tempo estavam na geladeira. Qual deles era o maior, meu eu onírico se perguntava, e será que o tamanho indicava generosidade, o tamanho do corpo ou uma hipertrofia patológica? Os dois morreram graças a problemas cardíacos. E através de um olho num dos nós da madeira da cerca alta lá nos fundos – e havia mesmo um nó e um olho que eu já tinha esquecido e que, na vida real, dava para o pasto de um haras de quartos de milha – eu via passar em velocidade carruagens tiradas por cavalos, em seguida cavalos a galope, mais velozes e lustrosos que nunca, exuberantes de força e vida.

Poucos meses depois, fui passar algumas semanas escrevendo no condado onde cresci, não no corredor de subúrbios em cuja orla setentrional situava-se a casa, mas em seu oeste selvagem, uma área basicamente de parques e fazendas de gado leiteiro. Os gansos voavam para o sul, as maçãs maduravam nos pés, e certo dia um naturalista de nome Rich me levou para ver as aves. Enquanto observávamos dois gaviões-peneiras empoleirados numa árvore, ele mencionou que se chegara a pensar que estavam extintos, mas que agora estavam indo tão bem que começavam a expandir seu nicho ecológico e sua distribuição. Fora as faixas pretas nas asas, as aves ostentavam a mesma brancura deslumbrante das pombas, embora seu perfil revelasse a ferocidade compacta dos gaviões. Há quem os chame de *angel hawks* [gaviões-anjos]. Seguimos visitando dezenas de saracuras e aves aquáticas, um martim-pescador, socozinhos meio escondidos nos caniços, um deles a devorar uma libélula azul que ainda zumbia ao descer pela goela longa e estreita, pássaros canoros, e então um cágado a despontar acima da água do reservatório de uma azenha. O reflexo transformava o perfil inclinado de sua cabeça numa coisa esquisita e chanfrada com dois olhos amarelo-dourados que nos fitavam de volta. Fomos a vários lugares não muito distantes da estrada e, por meio dos olhos e das fábulas daquele guia, vi um lugar completamente diferente daquele ao qual eu continuava voltando praticamente a vida toda. Meu lugar era feito de plantas, formas de relevo, luz e algumas histórias humanas. O dele estava cheio de criaturas que cuidavam de suas vidas, cada uma delas vivendo de acordo com um padrão, e os padrões entretecidos numa tapeçaria de complexidade formidável.

Algumas ideias são novas, mas a maioria é apenas o reconhecimento daquilo que estava ali o tempo todo, o mistério bem no meio da sala, o segredo no espelho. Por vezes um pensamento inesperado se torna a ponte que deixa a gente percorrer o território do conhecido de uma maneira sem precedentes. Conhecemos a história do mundo de sempre, aquela que fala de uma interferência humana constante que continua a aumentar e, desse modo, continua a exterminar espécies. Rich contava uma história diferente sobre como ali, uns cem anos depois da corrida do ouro, os recém-chegados mandavam pelos ares tudo que se movia, uma era que arrefeceu meio século atrás. E, por isso, disse, ao menos na América do Norte, muitas espécies estavam de volta. Naquele condado com tantos quilômetros de espaço aberto, ele me contou, mesmo os coiotes foram extintos no âmbito local. Percebi que os morros por onde eu andava quando criança eram desabitados e silentes se comparados com o que eram agora. Era estranho pensar naquilo que tinha sido meu paraíso e refúgio como uma paisagem empobrecida, embora eu soubesse havia tempos que sua relva não era nativa.

Por todo o continente, muitos animais comuns estão voltando, o gamo, o alce, ursos, coiotes e pumas, uma história da qual não se tem feito muito caso. Várias aves ameaçadas pelo DDT há quatro ou cinco décadas também retornaram, falcões-peregrinos, águias e gaviões, águias-pescadoras e outras mais. Neste condado, porém, aconteceu mais do que isso. No terceiro quarto do século XIX, o uapiti-das-junqueiras foi caçado até a extinção nesta costa, e em todo o seu hábitat na Califórnia poucos da espécie sobreviveram. Os remanescentes foram descobertos em 1874 numa junqueira do San Joaquin, o vale que os *forty-niners* do Vale da Morte pronunciavam Sand Walking. Quem os descobriu estava secando o brejo para fins agrícolas. Um esforço sério para salvar a espécie começou no século XX, e dez animais foram reintroduzidos nesta costa no ano em que saí de casa e do condado. Desde então eles se haviam multiplicado às centenas e, no atual ordenamento das coisas, estão hoje a salvo como espécie.

Eu sabia do uapiti, mas à medida que Rich falava comecei a ver uma imagem que não tinha visto antes, de todos os animais que haviam chegado às raias de desaparecer para depois voltar a este lugar. Os elefantes-marinhos haviam sumido por 150 anos deste trecho da costa e, por volta de 1890, desapareceram de todas as suas colônias de reprodução, com exceção de um lugar na Baixa Califórnia, a população reduzida a uns mil apenas. Quatro anos depois da volta do uapiti, o primeiro casal reprodutor de elefantes-marinhos foi avistado ali. Hoje, vinte anos mais tarde, alguns milhares deles galgam a praia mais remota deste condado no inverno para brigar, tomar sol e dar à luz, e no total há uns 150 mil deles no mundo. Os pelicanos-pardos e as garças-brancas voltaram da beira do abismo, como também fizeram outras aves aquáticas, e quase metade das aves da América do Norte passa aqui neste lugar ao menos uma parte do tempo, até duzentas espécies por vez. O lugar também tem algumas subespécies exclusivas que evoluíram isoladas no decorrer de dezenas de milhares de anos, e mais de vinte espécies em risco e ameaçadas, entre elas o salmão-coho que desova em seus riachos. Eu também os vi, as fêmeas douradas e os machos cor de rubi debatendo-se e subindo os regatos rasos no começo do crepúsculo de uma tarde garoenta de inverno.

Depois daquele dia, encontrei na casa onde estava hospedada um livro que abordava como a terra onde aquelas criaturas vicejavam foi protegida do progresso, e encontrei o nome de meu pai no índice[6]. Voltamos a morar na Califórnia quando ele foi contratado para redigir o Plano Diretor do condado, e ele passou os cinco anos seguintes trabalhando num docu-

6. L. Martin Griffin, *Saving the Marin-Sonoma Coast*, 1998.

mento que protege do progresso a maior parte de sua porção ocidental, que ainda não estava sob proteção do estado, da União ou de uma ONG. A preservação foi uma iniciativa dos cidadãos, e foi o apoio deles que possibilitou que os profissionais fizessem seu Plano Diretor avançar, mas foram os urbanistas que redigiram as regras dessa proteção as pessoas que mais apanharam. O livro falava de "um revolucionário Plano Diretor para o Condado de Marin, que usava o método de 'projetar com a natureza' para preservar as paisagens extraordinárias do Marin e impedir suas cidades de conurbarem". Tenho um exemplar do plano ambiental cujo título saiu de um poema de Lew Welch citado na guarda da publicação, "Este é o derradeiro lugar./ Não há mais para onde ir", e por isso se chamava *Can the Last Place Last?* [Há como perdurar o derradeiro lugar?]. Até aqui, perdurou, mas Welch, não. Ele se embrenhou nos ermos da Sierra Nevada em 1971 e nunca mais se viu sinal dele.

O plano "passou por 57 audiências públicas e foi adotado em 1973 [...]. O plano foi sugestão dos talentosos urbanistas Paul Zucker e Al Solnit. Zucker posteriormente perderia o emprego depois de perder uma eleição para o Conselheiro Supervisor, e Solnit foi vítima de ataques ferozes por parte de incorporadoras e editoriais agressivos. Mas o Plano Diretor foi encampado pelo público e prevalece, com pequenas emendas, há mais de 25 anos". Numa noite de verão quando eu tinha uns nove anos, meu pai chegou tarde em casa e encontrou um copo de chocolate azedo em cima da bancada da cozinha. O desperdício o tirava do sério, e já que eu era quem mais tomava chocolate, ele entrou intempestivamente no meu quarto, acendeu a luz e jogou o leite na minha cara enquanto eu ainda dormia, por isso acordei encharcada e com um gigante urrando acima da minha cabeça (o leite ter sido deixado por um dos meus irmãos é mero detalhe: o universo era para lá de aleatório naquela casa). Lendo o relato, percebi que ele tinha acabado de chegar de uma daquelas reuniões acirradas em que se decidira a sorte deste lugar.

A casa térrea era um lugar pequeno dentro de um lugar maior, ou uma história pequena dentro de outra maior; imagine-as aninhadas como bonecas russas, de tal modo que coisas terríveis aconteciam naquela casa, mas estavam ligadas à redenção que acontecia na escala maior do condado, que era em parte uma reação às extinções violentas que aconteciam em todo o país e no mundo. Eu havia deixado a casa de uma vez por todas um quarto de século antes e acabara de deixá-la nos meus sonhos no decorrer do último ano, mas o condado era algo para o qual eu escolhia voltar vez após vez, e nesse retorno eu enxergara o aninhamento daquelas histórias, bem como alguns dos animais que estavam de volta. Revisitei os uapitis alguns dias antes de avistar os "gaviões-anjos". A maioria vive na península mais remota deste lugar remoto, uma ponta de terra que parece um dedo a indicar o norte, segregada do resto do mundo por um anel de alambrado de três metros de altura na base da primeira falange, uma península em cuja extremidade eu havia percebido que o fim do mundo podia ser um lugar e também um momento. Vadiavam no capim e entre as cúpulas dos tremoceiros, manadas de fêmeas com alguns machos aqui e ali, e manadas de machos jovens que corriam para se pôr de pé ao som dos meus passos quando eu me aproximava, de tal modo que seus chifres pareciam uma floresta que se erguia do chão. O fim do mundo era açoitado pelo vento, mas pacato, biguás e estrelas-do-mar vermelhas nas pedras escuras e varridas pelas ondas abaixo de um costão de areia, e depois delas o mar, estendendo-se na distância e além.

1ª edição outubro de 2022 | **Fonte** Minion Pro
Papel BO Ivory 65 g/m² | **Impressão e acabamento** Imprensa da Fé